U0122515

三易新論

陳姝通題

第十章　周易新論 一

一、周易作者考

周易是三易之一，不過其書屢為後人所增益。今日所見的卦辭爻辭，大都是

周朝太卜占人巫人所掌的繇辭。周禮春官宗伯亦載大卜占人巫人三者雖

周禮的著作年代還不能考定。其中有戰國時的學者蒐集周代的資料所寫

成的，亦混雜漢儒的學說。但是周易原始是卜官所掌，這是可以肯定的。古代

卜筮兼施卜筮，原始社會的占法，似隨物可以占卜。如詩小雅小宛握粟

出卜論衡卜筮篇，子路問孔子曰猪肩羊膊可以得兆，藿葦藁芼可以得數。何

必以著龜，這可證明最早是隨物占卜。殷周之際，社會的發展，已經過奴隸制

的革命，卜筮用著龜，已載粟和猪肩羊膊等物，作為卜筮之工具，比較上進步

了。當然民間還是用粟和猪肩羊膊的，至於筮的運用，殷周之際才實行，王充

論衡卜筮篇周武王伐紂。卜筮之逆。占曰大凶。太公推蓍蹈龜而曰枯骨死草。何知而凶。可作明證。因為上古蓍龜重卜龜既難得非王家貴族。无力用卜民間就用筮較卜簡便多了。卜筮方法不同。因此殷墟甲胄所刊卜辭中很少載筮的。但間有「占曰」之辭。是占可用於卜。亦可用於筮。而洪範筮逆筮從。郭璞爾雅山海經等注屢引歸藏可見殷周之際卜官所守所用筮法是歸藏連山周易並用而且均用六十四卦來筮僅演的方法不同而已筮短龜長的說法。這僅說明當時王家貴族因筮簡便亦同時采用但是仍認為卜重於筮。

周代卜官掌三易連山歸藏周易三種筮法並用連山歸藏筮的方法已不可深考。周易尚變以用九用六成六爻之變。而連山歸藏筮法必落後於周易。左傳屢載以周易筮之。這說明有些占筮還是不用周易的方法來占筮的可證卜官是三易並用的。並且周易亦不止一部。漢書藝文志六藝略首列周易十二篇,數術略著龜家又有周易三十八卷。而左傳所載筮辭與今本周易異者很多。這說明古時卜官占筮均无固定的繫辭,隨筮取象因象造辭。

這種方法。卜辭亦是這樣的。左傳所載周易繇辭和今本周易不完全相同。這就不足奇怪了。社會日趨發展，由於生產力的發展，人事日繁，六龜已不容易搜求。管子山權數，御神用寶，論語公冶長，卜法又不簡便，易之筮法簡便，較卜法有了進步。但是仍要隨筮造辭，非卜官就不能用筮。

藏文仲居蔡在春秋時，龜頗稀少可珍

后來卜官把舊的繇辭歸納起來，選擇舊辭中每卦爻的一辭（間有二辭以上者）輯成今本周易。這又較三易有顯著的進步，其時對易之研究還掌在卜官之手，卜官以卜筮為世守之業，周易卦爻辭既固定下來，皆卜官按往舊造說，惟託諸姬昌姬旦以自固。連山歸藏亦託諸神農黃帝和夏后，其實均是卜官的筮法罷了。至於周易於「卜筮者尚其占」以外別立新義，增加「尚辭」「尚變」「尚象」。後世儒家遂把周易進為六藝之首，而連山歸藏還是隨筮定辭，使用不便，於是大卜所掌的連山歸藏之法日久亡佚了。

二、釋「周」字名義

5

周易名義易字既解於前。第二章易

周字之定義，周字名義孔穎達云。

紫世編等群書神農一曰連山氏亦曰烈山氏黃帝一曰歸藏氏既連山歸

藏並是代號，則連易稱周取岐陽地名。毛詩云周原膴膴是也。又文王作易

之時正在羑里周德未興猶是殷世也。故題周別於殷。以此文王所演故謂

之周易。其猶周書周禮題周以別餘代。故易緯云因代以題是也。據劉氏嘉

據崇堂刊周

周為代名似无可疑。但至漢代以易理无所不包。於是在代名之外別出新義。

易正義本。

鄭玄說。

周易者。言易道周普。无所不備。見孔穎達正義第三論。

孔氏謂鄭玄雖有此釋更无所據之文。先儒因此遂有文質之義皆煩而无

用今所不取。這種說法。認為是對的周廢代名。與周書周禮一樣。儒家贊易

易變為學者研幾的哲理。認為廣博深奧非代名所能包括了。因此孔氏所

引易緯因代以題之說人皆以為謎語。故今所存易緯諸書已不舉周字。惟

繫辭傳「周之盛德邪」一語。作繫辭傳者尚據代釋周至漢代以易道廣

易學經典文庫

博僅以代名解釋覺意義不明，於是以周普釋易，考乾鑿度云。

易歷曰陽紀天心。

鄭玄注曰。 上不貫。

孔子以歷說易。名曰象也。今易象四篇。是紀古說。下有脫文。假借字爾。 此四字與

鄭氏又以歷解周易，較周普之義加深一層周易之組織，以算核之，有周普之義至易象四篇是否左傳昭二年晉侯使韓起來聘觀書太史氏見易象與魯春秋之易象。未能考定。疑是卜官世守之業也。而左傳國語所載晉人筮辭，皆與今本周易爻辭合。惟辭句稍有出入而已考管子樞言篇周者不出於口。不見於色一龍一蛇。一日五化之謂周管子說周與周易之周字義同。 一龍一蛇。一日五化。 疑齊人呂氏春秋知度篇引子華子。惟彼天符，周而不周，其周字亦與周易之周義同高誘注忠信為周雖據國語魯語下叔係豹語及詩小雅都人士傳立諺語。呂氏春秋知度篇... 義殊陋淮南原道訓貴其周於數而合於時也。高誘注周調也。是據賈子道術，合得周密謂之調。在字義調為周之孳乳曰虎通號周者至也密也道德之窔。

无所不至。此今文家言釋文。周字有四義云周代名也。周至也。偏也。備也。陸德明從鄭玄說。然亦未敢破代名之說以白虎通證之。亦有周普之義黄以周云，繫辭傳曰易之為書也。不可遠。為道也屢遷變動不居周流六虛上下无常。剛柔相易。曰周流。曰相易。非釋周易之說乎。孔疏鄭君說無所據。抑何疏耶。周易之名。始于文王。非周草商之後。以周號代乃以周易名也。見啟季雜著。

黄說亦後起之義也。至六虛陸績以為六爻虞翻韓康伯以為六位。其實六爻與六位有別繫辭又云。知周乎萬物而道濟天下。故不過道鄭玄云當作導道導古通用知周普解。孟子盡心篇周于利者周于德者之類周官亦多出周字。如地官大司徒云。以天下土地之圖周知九州之地域廣輪之數鄭玄注周猶徧也。又遂師。注无又司稼。注无又夏官司士。注无又職方氏。注无皆出周字周字義亦作徧釋後人把周字釋為周普以為這樣方能知變化之理而已。總之周字的意義必須根據歷史發展的觀點逐層說明其義自明。

三、辨圖象

漢學家治易視圖象為宋儒偽造，不屑一顧，於是後世治易者，一看圖象就駭為左道，這樣易理就不容易講透，殊不知漢書藝文志六藝略云

隋書經籍志載圖更多。今漢隋之易圖久佚，但是易未經秦火，卦爻之組織嚴密，自可推求。今日治易，似不應糾纏漢宋，吾友章太炎以先天后天之說為治易左道，這是不對的，其實周易是殷周之際占筮之書，占筮離不開圖象的，若棄圖象而不談周易之義，就難明了。易圖雖久佚，仍可推演，但先天后天諸名，乃後儒所加，此宜辨明。漢學家主要論據，是據胡渭之易圖明辨，證明河圖洛書是偽造的，若將圖象與河圖洛書之名分開研究，則胡渭的論據是不充足的，故研治周易，應先分析胡渭的論據是否正確。胡渭易圖明辨的題解云，就邵子四圖論之，則橫圖義不可通，此說非是，橫圖之名，圖後人所加，而其圖式若以消息規律一一求之，自通其義。繫辭是故易有太极，是生兩儀，兩儀生四象，四象生八卦，八卦定吉凶，吉凶生大業，此由一陽一陰挨排而得，復由陽消陰息而得一陰一陽之變，若云義不可

通，實失諸鑒。胡氏又以圓圖為丹道，更失諸鑒。其引俞琰宋

年晚作易外別傳以證之，第七卷引俞琰易外傳別序一文，又

比連下端姤復比連與丹家之說毫不相涉。胡氏又云先天之圖伊川不列於經

有矛盾的，首言生畫之別。生即太極生兩儀，兩儀生四象，四象生八卦之生。

而毛氏以畫字混淆之，謂生卦之序，非畫卦之序也。生之形狀須以畫圖出

之，然後其狀可見。今毛氏以生畫兩字分別來解釋，使讀者不能明辯兩者

橫圖可證胡氏之說之未是。胡氏最有力的論據是據毛奇齡仲氏易。奇齡兒

首固所以尊聖人，亦所以全陳邵也。考程頤易傳，黎庶昌刊古逸叢書本首列

易奉著書而卒，錫齡未死時口授其引朋從以自固。其實毛氏仲氏易論據是

子文輝奇齡乃據文輝所述成此書。

之用又引毛氏八誤之說，胡氏以為剖解无遺，其實誤解之處甚多，茲駁毛

氏八誤之說如下。

一、畫繁。注云。在陽有一百九十二畫。在陰有三百八十四畫。太不憚

煩矣，其誤一也。毛氏所舉之畫不過圖中之陽畫陰畫，陽畫一百九

十二。陰畫亦一百九十二。計三百八十四畫即是三百八十四爻。亦

即是一陽一陰排列而來。若加以消息之理，又倍之為三百八十四。是很簡

的。而毛氏以為繁，又誤以為二畫作兩畫，原圖不誤，而毛氏解之反誤。

二四五無名，其誤二也。四者即橫圖四象生八卦，上一層亦即繫辭因而重

之爻在其中矣。卦三畫爻六畫，卦三因乃成六爻。亦即橫圖第四層為第一因數增至十六畫。

為八卦加一倍數，即兩個乾一兌二離三震四巽五坎六艮七坤八，

即橫圖第五層為第二因數增至三十二畫，為第一因數加一倍數即

四個乾一兌二離三震四巽五坎六艮七坤八。何必另立卦名。原來不

誤，毛氏解之反誤。

三三六無住法，其誤三也。毛氏注文近迂，將明白易曉之文字故作曲

說。其實言三畫成八卦，六畫成六十四卦。其說與毛氏所謂第二誤

四五無名之意同，別生枝節，硬湊一誤。

四不因，其誤四也。注語更誤。毛氏竟不解繫辭之義。彼云八卦成列象

在其中矣，是言三畫之卦。接下云因而重之爻在其中矣，是言三次因

之為六十四。重指三因，後其爻為六，即為三畫之重。此毛氏不能解因

11

有三因而誤。

五、父子母女並生其誤五也。易言乾父坤母震長子巽長女坎中男離中

女艮少男兒少女之誤。其時代已較橫圖為演進橫圖以四象立說无

父子母女之別乾兒屬太陽離震屬少陰巽坎屬少陽艮坤屬太陰。

今毛氏不加分析以乾坤之三索來解釋橫圖誤矣。

六、子先母女先男少先長其誤六也。此毛氏誤解橫圖之說與第五

誤同。

七、卦位不合其誤七也。注云今以第加之畫而環畫之乾一右轉巽五

左旋以乾南坤北離東坎西為象此實本魏氏參同契乾坤運軸坎

離匡郭之圖而妄名先天致邵子以雷風相薄水火不相射為證其

誤七也毛氏此說更覺離奇參同契之圖實與橫圖異毛氏所說即余

第七歸藏章所列來知德之圓圖胡安世襲之已證其誤說見前。

八、卦數杜撰无據其誤八也毛氏此說不知易之組織有一定規律至橫

圖實未言八卦之數乃是言一陽一陰之次第而胡渭以毛氏八誤奉為圭

桌為易圖明辨之鐵證更不攻自破周易當有圖這是可肯定的卜官演易演時必有一種憑藉之物以之為計畫故揚雄太玄圖圖象玄形太玄易之支裔亦不能无圖如易无圖何能讀之恵棟易漢學亦力主无圖而往往辭窮之際必剿襲漢魏唐宋人之圖以固其說計引六圖此以方寸之木欲高於岑樓的緣故胡渭之說既駁辯如上近人仍以胡渭之說為論據更不能成立了但是宋人劉牧邵雍諸家對於圖亦有嚴重的缺點劉邵等據周易卦爻之組織列圖說明雖排列不完全確當但把卦爻組織以圖列出使讀者較易解釋缺點在於闡述易圖吞吐其辭致无例可求還一定要把圖取名先天後天伏羲六十四卦橫圖圓圖附會上古之名稱以玄其圖之神妙這是宋儒的缺點自程頤易傳首轉載邵氏之圖朱震漢上易卦圖朱熹本義及啟蒙繼之後之注易者宗之但是讀者僅見圖之體不明圖之用有圖等於无圖反為治漢易者作為攻擊標的使易在恍兮忽兮之中今余治易彙集漢宋諸說之長屏去糟粕並將卦爻之圖重為排列求得新例。

四、卦式

八卦的組織，郭沬若中國古代社會的研究云。

八卦的根底，我們很顯明可以看出是古代生殖器崇拜的了遺，畫一以象男根，分而為二，以象女陰，所以由此而演出男女，父母，陰陽，剛柔，天地的觀念。中法大學月刊六卷四，五期，李星可周易時代背景與精神生產評郭說是玄學家的易傳作者的戲法，又說八卦僅僅是古人一種數字游戲而已，此說失詞。未免對上古軟學者得太輕。

余補，克郭說如下，考坤卦爻辭含章括象黃裳龍戰，實有所指，不過語有隱顯之別而已。繫辭解損六三云：

男女構精，萬物化生：

說更明顯，說卦傳乾首坤腹，亦形容男女構精，蓋男女之理，確重在集字凡繫生即滅，滅則不但人類滅，而萬物亦不能化生，故周易序卦，乾上坤下，無非化

生之理。故乾坤之象曰大哉乾元。萬物資始至哉坤元。萬物資生又繫辭重

言以申明之乾知大始坤作成物又曰夫乾其靜也專其動也直是以大生

焉。夫坤其靜也翕其動也闢是以廣生焉。不獨言男女化生之理事物的變

化亦如是。无非法乾坤順陰陽以化生萬物。徐景休恭同契箋注云乾坤者

易之門戶衆卦之父母坎離匡廓運轂正軸牝牡四卦。以為橐籥製器尚象。

象既備矣且明顯確切如是項安世周易玩辭坤卦說云。

乾言元亨利貞坤亦元亨利貞坤卦貞字之上加以牝馬者因乾為馬牝

馬也。故坤為牝馬陰從陽故坤必承乾而行。坤順故曰牝之貞坤地也承

天而行。猶牝馬之性隨牝馬而行也。

細繹項氏之意不敢以男女媾精明說乃借牝牡之馬以喻之以隱釋題至乾

首坤腹是化生之作用震足巽股指長男長女之動作。艮手兌口指少男少女

之動作此近取諸身以形容其狀態。至坎耳離目无非形容中男中女之情狀，

其實坎水離火乃曲盡男女之事，說卦傳坎，為下首說更鮮明此蓋上古以一

陰一陽事物一正一負之理。正負之變乃成萬物周易卦的組織由爻的正負

而成卦。其核心在于愛六爻之之變。即一卦六爻之之變戈上了兩卦十二爻之

之變以成六十四卦之次第。一陽一陰的排列出於原始圖象其卦序則乾坤序。

兒艮序離坎序震巽序。此八卦即為上世與上世序二世與

二世序三世與三世序四世與四世序五世與五世序歸魂與歸魂序游魂與

游魂序宮次相對其出宮之配合變化亦然。但陽卦陰卦一往一來卦卦相錯。

由八卦加一倍為十六卦十六卦加一倍為三十二卦三十二卦加一倍為六

十四卦又因消息將六十四卦全面相反。如乾消為坤坤息為乾共消息為

剝剝消息為共所謂一陰一陽之謂道是也。

周易之序相同者得六六卦曰乾坤曰泰否曰歸妹漸曰中孚小過曰離坎。

既濟未濟曰頤大過曰隨蠱卦皆相錯。亦即世位連續皆成六至餘四十八皆曰

相綜錯綜二字實不相同來知德隱居語溪終身治易對錯綜二者未能辨析

明白世多議之而杭辛齋尤甚謂來氏對於錯綜兩字開口即錯誠然綜字

之由來。在於六字此六字不是用九用六之六亦不是六爻之六乃是上下兩

卦世位互成為六之六周易一世必與五世序。五世一二世必與四世相序。
世同。

四世之至三世四正之卦。如否泰既濟未濟。即在十卦中。又如咸恒損益。皆為三世之

卦雖世位相同。而組織有異。至上世之卦。為乾坤坎離。兩卦連續之世位皆為

六。將魂為四世之卦。上下兩卦數之為六。歸魂世位居三位。上下兩卦數之未

為六。故繫辭云。

六者非他。三才之道焉。

漢人未有注釋。韓康伯注云。

說卦備矣。

韓氏此說是根據說卦傳。

昔者聖人之作易也。將以順性命之理。是以立天之道曰陰與陽。立

地之道。曰柔與剛。立人之道曰仁與義。兼三才而兩之。故易六畫而

成卦。分陰分陽。迭用柔剛。故易六位而成章。

韓說未明六字之義。說卦傳謂六畫言一卦由六畫而成。六位即 32 16 8

4 2 1 之位。與周易上下兩卦連續而世位必為六者。與因繫辭與說卦

傳。皆以三才立說。致使人不能辨別繫辭言周易上下連續之理以說卦

傳言六畫六位列之。則差以毫釐謬以千里矣。至乾文言。以乾為君德坤文言。

以坤為地道。為妻道。為臣道。全與三才之道異。疑創三綱之說者所增入。

周易尚變。所謂變者。從爻始。例如乾卦六爻之變。初爻變為☰☰姤。二爻變為☰☰

同人。三爻變為☰☰履。四爻變為☰☰小畜。五爻變為☰☰大有。上爻變為☰☰夬。

說見左傳昭二十九年。龍見於絳。蔡墨對魏獻子之言。此周易之變。故繫辭云。剛

柔相推而生變化。又爻也者。效天下之動者也。又道有變動故曰爻。說卦云發揮

於剛柔而生爻。皆言爻變之明證。所謂窮則變變則通周易之序。乾卦之變。初

九姤上九夬。即姤夬相序。九二同人。九五大有。即同人大有相序。九三履。九四小

畜即小畜履相序。而世位兩爻連續數之皆為六與序卦同。至坤卦六爻之變。與

乾卦同。不過陰陽不同。繼乾坤者為屯蒙。此兩卦之發揮剛柔與乾坤兩卦不

同當合兩卦之之變而定之。如☰☰屯☰☰蒙。六三

變為☰☰既濟。六四變為☰☰隨。九五變為☰☰復。上六變為☰☰益。如☰☰節。六三

蒙初六變為☰☰剝。六三變為☰☰蠱。六四變為☰☰未濟。六五

變為☰☰渙。上九變為☰☰損。九二變為☰☰師。此屯蒙兩卦當連續觀之。屯初九比與蒙上九

18

師即比師相序。屯六二節與蒙六五渙即節渙相序。屯六三既濟與蒙未濟。

即既濟未濟相序。屯六四隨與蒙九三蠱即隨蠱相序。屯九五復與蒙九二

剝即復剝相序。屯上六益與蒙初六損即損益相序。後人增加名目所謂交

易即指此。其餘諸卦均可由此挨排得之。

周易橫圖挨排之法。可從本卦或左或右。惟位則不可差錯。後人創初爻

上爻无位。誤解王弼周易略倒辯位一文。言中爻者。以為指六十四卦。如

乾卦之變。俗謂之爻變。三十二位為姤。十六位為同人。八位為履。四位為

小畜。二位為同人。一位為夬。如坤三十二位為復。十六位為師。八位為謙。

四位為豫。二位為比。一位為剝。如屯三十二位為比。十六位為節。八位為

既濟。四位為隨。二位為復。一位為益。又如蒙三十二位為損。十六位為剝。

八位為蠱。四位為未濟。二位為渙。一位為師。其餘六十卦。亦如上法挨排

之。即繫辭所謂變則通也。

世謂周易卦辭為姬昌所作。爻辭為姬旦所作。其說无據。繫辭曰易之興也。

其於中古乎。作易者其有憂患乎。不言作易者為誰何。簡爽注文王為中古

集解·虞鄭玄注·文王因作〔圖或因〕而演易。八論·見正義·虞翻注·與易者謂庖犧也·文王書

經繫庖犧於乾五乾為與于五注註中·故與于中古繫以黃帝堯舜為後世聖

人庖犧為中古則庖犧以前為上古引·集解·繫辭又云易之興也其當殷之末世

周之盛德邪當文王與紂之事邪孔穎達正義四卦辭文王爻辭周公馬融

陸績等並同此說又左傳昭二年正義引鄭玄曰據此言以易是〔惠棟輯本文删是字〕

王所作斷可知矣集解引虞翻曰謂文王書易六爻之辭也末世乾上盛德乾三

此也……而馬荀鄭君從俗以文王為〔……〕失之遠矣以上馬荀鄭陸虞五說其

言此庖而虞說更迁延繫辭並不言姬昌作易至姬昌演易傳者不一演者釋名

釋言語演延也言蔓延而廣之也左傳昭二年傳易象春秋疏云演謂為其辭

以演說之是其證則演易與作周易卦辭絕對分是兩事若并為一談實未能

體會繫辭之意並且謂讀繫辭卦爻辭是卜家根據舊條辭編定而演易即根

據卦爻創為公式已由卜筮家變成有規律可求的哲理書所謂姬昌演易即

演易自姬昌時代開始而已卦的組織其要有三

一·上下兩卦相續之理·細別之又分為二·如☳☵屯☶☵蒙·屯之內卦與

易學經典文庫

蒙之外卦相續為☷☶小過。一也。屯之外卦與蒙之內卦相續為☳☵

坎。二也。因六十四卦相續者祇有乾坤坎離頤大過中孚小過八箇

卦坤之象曰。乃順承天。故坤繼乾後。大過九二象曰。過以相與也。

卦兌。在橫圖艮與兌相鄰。故曰相與。離之象曰。大人以繼明照於四方。小過象曰。上逆而

下順也。如☷☰否。☰☷坤乾之內卦與坤之外卦為☷☰否。乾之外卦與

坤之內卦亦為☷☰乾。☷☰坤離之象曰。☵☲離之內卦與離之外卦為☲☲既

濟☵☵坎之外卦與離之內卦亦為☲☲既濟皆得乾坎離之反之

為☷☰泰。☰☷未濟。皆得坤離之半。即坤離之半。即乾坎離之三世卦。之反之

內卦與大過之外卦為☱☴歸妹。頤之外卦與大過之內卦為☴☱漸。即震艮之

即兌巽之歸魂卦。如☱☴小過。中孚之內卦與小過之外卦為☳☶小過之內卦與

隨。中孚之外卦與小過之內卦為☶☳漸。即震艮之乾坤坎離為八純卦。故用歸

故用否泰既濟未濟之三世卦。頤大過中孚小過為游魂卦。故用歸

魂歸妹蠱隨漸。此四卦在周易隨。蠱序漸歸妹序。這易之聯系。

二、受之以的規律。是六十四卦分三十二組其義與序卦傳以六十四卦

每卦為受之以之例異當以三十二組受之以為例。此以相續聯系相錯。

及中爻之互推出之。皆有一定之規律。昔人注釋皆屬空泛韓康伯謂凡

序卦所明非易之蘊。余謂序卦傳各家注釋亦然。

三、用六用九係爻變為爻辭所據。今周易僅舉一爻之變而二爻以上皆

關。後人又誤解原始要終。始為乾坤。終為既濟未濟。周易周而復

始。又為乾坤。實失之甚。因周易之爻變為一爻之變而既濟未濟復為乾

坤。須三爻變方能相續乾坤。且周而復始非卦序之原意。執此說者。是固執

虞翻解繫辭失其守者其辭詘云。巽人之辭也。虞翻以將扳其辭懟為坎人

人之辭。吉人之辭寡。為艮人之辭躁人之辭多。為震人之辭。中心疑者其辭枝為離

辭誣善之人其辭游為巽人之辭。以六子立說。其說迂。巽誣誷陽在初守巽初入

伏陰下。故其辭誣此六子也。離上坎下震起艮止兑見巽伏。起止見伏四卦

上經終坎離。則下經終既濟未濟。上繫終乾坤。上繫結句云。乾坤其易之縕邪。此虞氏易如此分卷。今本周易

其下尚有一則下繫終六子。此易之大義也。後之治易者因虞氏之說以為

百七十五言。

既濟未濟。可復轉乾坤其實殊非。

卦之組織。應以上三例求之。庶可迎刃而解也。

五、釋元亨利貞

周易六十四卦。卦辭非姬昌所作。繫辭以為文王與紂之事。則出於卜官之

手可證。然文簡而賅。知為西周文字無疑。卦辭中有兩字命卦者。如小畜同

人大有噬嗑无妄大畜大過大壯明夷家人歸妹中孚小過既濟未濟得十

五卦。合之六十四卦名得七十九字。而小字兩出大字四出人字兩出濟字

兩出過字兩出不過七十一字。而卦辭再去其重文。不過二百五十字。加卦名

七十二字僅得二百七十六字。其中除元亨利貞外尚有吉凶无咎攸往諸

重文。上古文字之簡莫簡於卦辭。有以為戰國時人所作。而國語左傳已有

引之矣。當在戰國之前可知。又以為書中已出文王箕子。不知此係爻辭象

辭。不是卦辭。卦辭中元亨利貞四字。疑是卜官筮卦的一種術語。惠棟易例。

大我惜其説至辭。考洪範有貞悔。内卦為貞外卦為悔貞悔兩字皆從卜説文貞卜

問也。古時迷信殊深。凡遇疑應。決之以卜筮卜辭中。凡某曰卜某事皆曰貞。元

亨利貞四字。究作何解。周易定辭之初。必有規律可求。因乾卦則統括四字。其

他六十三卦。如坤屯隨臨无妄五卦。亦揭出四柔然各有不同之襯字與乾卦必不相同。此種卦辭的作為占筮辭吉凶的方法當決不是虛下的。可惜方法失傳到儒家作文言傳的時代涵義就不同了。現在可考的文言傳曰

元亨利貞。

元者善之長也。亨者嘉之會也。利者義之和也。貞者事之幹也。君子體仁足以長人。言仁是元。此言乾之元。由初爻四爻變異而嘉會足以合禮。禮是亨。之亨由二爻五爻變離而為火圜與圜利物足以和義。上爻變兌以兌正秋。之際又為禮。兩圜情感相通。方能一致。利是義。此言乾三爻五爻此立說利與和皆禾之孳乳。二月始生八月而熟。八月在兌之位。貞固足以幹事。君子行此四德者。故曰乾元亨利貞。

左傳襄九年引。作元體之長也。嘉會足以合禮餘與文言同。梁蕭衍周易大義。以文言是文王所制。陸德明釋文引。此說雖不可考。四字訓為四德是比較早的。但是四德的解釋必非周易定辭的時代的真諦。

元亨利貞之貞。與甲骨文卜貞之貞。方法不同。周禮大宗伯。凡祀大神享大鬼祭大示。帥執事以卜日宿宗伯大卜。凡國大貞卜立君卜大封鄭司農云貞問也。說文。鄭玄謂貞之為問。問於正者。乃從問焉在周易屯之九五小貞吉大貞也。同。

凶。此貞字當作問解。周因於殷禮。不改卜之習俗。惟甲上不鑄字。與殷異

制。是行繫幣之法。杜子春云。繫幣者以帛書其占繫之於龜。此因上古

之時。洪水汎濫。龜類生息甚繁。故採捕殊多。至周時龜則不及昔時之

夥所致。易言貞告貞凶貞吝與元亨利貞之貞字異義。不可相混。如坤

卦牝馬之貞字。不當訓問。文言傳的時代。以四德之義解貞字。假借為楨

文言貞貞事之幹也。爾雅釋詁。楨幹也。說文不出幹。又廣雅釋詁三幹

也。與文言傳貞固足以幹事合。王念孫疏證幹者多士爾獻有幹有年于

兹洛。王肅注云幹事也。是其證。又可假借為楨。漢書宣帝紀甘露二年詔。

咸受楨祥。師古注曰楨正也。楨音貞。與子夏傳貞正也此合。徐鍇說文繫傳

云。楨者貞也。貞正也。人有善天以符瑞告之也。周禮曰祈永貞。徐鍇釋貞

以符瑞。非是。徐引周禮係大祝文。原文為祈福祥。求永貞。徐說有脫文。

卦辭以元亨利貞立說。是作卦辭的人以變措辭要知元亨利貞皆憑籍六

爻之變。以元亨利貞之動釋變。故繫辭云。六爻之動。三極之道也。此所以繫

辭重在動字也。卦辭元亨利貞。四者。乃指六爻之變而言文言的作者以四德

訓元亨利貞。這已從卜筮家的術語，轉變為儒家思想了。在繫辭傳說卦傳兩篇中，尚未提到四德，故漢代四家博士，亦不提出，僅文言傳一提，漢人對四德，僅子夏傳有之。然離不掉文言的窠臼，晉王弼注云，文言傳備矣四字了之。並且王弼的注語，不在乾元亨利貞之下，而在初九潛龍勿用之下，明明是錯簡，清代校勘家，如阮元浦鏜吾家椒園先生蕃也，未加校正宗王弼者，如孔穎達正義云。

莊氏云第一節，元者善之長者，謂天之體性生養萬物，善之大者，莫善施生。元為施生之宗，故言元者善之長也。亨者，嘉之會者，嘉美也。言天能通暢萬物，使物嘉美之會聚。故曰嘉之會也。利者，義之和者，言天能利益庶物，使物各得其宜，而和同也。貞者，事之幹者，言天能以中正之氣，成就萬物，使物皆得幹濟。莊氏之意，以此四句，明天之德也。祖緜按，莊氏之意，以天作自然現象觀義矣。而配四時，元是物始，於時配春，春為發生，故下云體仁。仁則春也，亨是通暢萬物，於是為時之義。配夏，故下云合禮，禮則夏也。利為和，義於時配秋，秋既物成，各合其宜，貞為事幹，於時配冬，冬既收藏，事皆幹了也。

於五行之氣唯少土也土則分王四季。

故不言也。……施於五事言之元則仁此亨則禮也利則義也貞則信也。〔祖棪按四季與四時異四季以辰戌丑未之月為四季四氣之行非土不載〕

不論智者行此四事並須於知且乾鑿度云水土二行兼信與知也。〔作信鷌 祖棪按乾鑿度當作乾坤鑿度引萬名經云水土共智信故知本作鷌不言也〕

孔穎達此疏其誤有三一孔疏貞則信也此說非當貞不是信孔氏不知元亨利

貞之外尚有一孚字需之為體唯有信也訟有孚疏云謂行此至險能守其綱中不

興必有信實觀有孚疏云孚信也坎有孚疏云需之為體唯有信也訟有過夫孚號有屬疏

失其信也損有孚疏云若不以誠信則涉諂諛而有過夫孚號有屬疏

云則是用明信之法而宣其號令草已曰乃孚疏云元亨利貞悔亡者為

草而民信之然後乃得大通而利正也〔祖棪按大通指內卦離為亨卦兌為利元指草中孚中兌為乾貞指內卦離為利正指外〕

卦離又中孚卦名也信發於中謂之中孚皆以信釋孚是孔氏

錯坎又中孚疏云中孚皆以信釋孚是孔氏

巳解孚字字之義然未明孚字之用故出此游移兩可之說致前後矛盾

混知與信并為一談此其一二孔疏土分四季之說亦不當上分四季詳載

於尚書洪範逸周書小開武解五行寶典解三信武順解地有五行作雜解杜

遺五土之類管子五行及輕重己兩篇。呂氏春秋十二紀。義問有乖亂。但可以算

數釐正總之讀書最忌泥古貴在正古因古人之書有為後人所亂如不釐而正

之。猶治絲而益棼。孔氏此疏正中不能釐正之弊。此其二（三）孔疏引乾鑿度云。水

土二行。兼信與智。其說實出乾坤鑿度。

義疏十有餘家之說。孔氏去彼書云運五行。先水次木。水生火。次土及金。木仁火禮土信。毘公武郡齋志以乾坤鑿度。疑為宋人依託以孔疏證之。毘說非。知孔氏疏中所引多隋以前江南

華取實此偶疏忽脫一坤字水智金義又萬名經曰。名上大出四萬形經此作名形名涉犀而誤。水土兼智信。木火兼仁惠。五事天性訓

成人倫。唯心學說。入萬名經所謂兼字。孔氏未疏。兼說文。并也并當以儀禮聘

禮注猶兩也。萬名經所謂水土兼智信。以并與兩解之。猶言水是智。土是信。孔疏

不解字義。以為不言土則悖於義。此其三。邢璹注王弼周易略例下云。

元為生物之始。春也。亨為會聚於物。夏也。利為和諧品物。秋也。貞能幹濟

於物。冬也。乾用此四德。以成君子大人之法也。

邢注以四時釋四德。惟王弼略例。不及孚字。王注訟象。則三出信字。坎象中孚

象皆出信字可證王弼對孚字解釋不見切實。李鼎祚曰。

夫在天成象者。乾元亨利貞也。言天運四時。以生成萬物。在地成形者。仁

義禮智信也。言君法五常。以教化于人。

祖縣按李氏此釋德人事心論。

仁主春生東方木也。亨為嘉會足以合禮禮主夏養南方火也利

元為善長故能體

為物宜足以和義義主秋成西方金也。貞為事幹以配于智智主冬

藏。北方水也。……不言信者信主土。……土居中宮分王四季。……

水火金木非土不載。

道與五行人事三者立說。其言曰

李氏集解提出智主冬藏以正孔穎達不論智者之謂史徵口訣義分天

乾元亨利貞者乾天也。天是體名。乾是用名謂天體凝寂非人所法。故

聖人欲使人法天之用。不法天之體。故名之曰乾。而不名之為天也。

若元亨利貞此四者。亦是天之四德也。天以四時之氣春生秋殺冬寒

祖縣按史氏所謂四時之氣根據自然立說如此勢高低氣候亦異如我國緯度吾爾自治區吐魯番緯度

夏暑。此四時之義。故名為天也。

與吉林同。西藏緯度與浙江江蘇周氏云。即周弘正。

山東諸省相同者而氣候不同。

生得其元始之序。發育長養亨通也於時配夏。夏以通暢合其嘉美之

祖縣按周氏元。始也。於時配春言萬物始

道利者義也于時配秋。秋之成實得其利物之宜貞者正也于時配冬。

冬以物之終。納幹正之道。若以五行言之。元、木也。亨、火也。利、金也。貞、水也。土則資運四事。故不言之。

祖讎按史氏云土則資運四事。故不言之之語病。因未解孚之義。若以人事則元為

仁、亨為禮。利為義。貞為信。不言智者。謂此四事因智而用。故乾鑿度云。

水土二行兼智信是也。

史氏自謂先以王注為宗。約以孔疏為理。對此分天道五行人事三者立說較孔疏為詳。惟人事一節全襲孔疏。未能正孔疏之譌。似史氏之學源出孔氏。故作此曲解孔史以後。崔憬周易探玄。清謙改。避其書雖佚李鼎祚作集錄至多獨未及四德。惟屯之九四小貞吉大貞凶以貞訓正也。不是真諦。四德之說再加五行家言變成五德。左傳襄二十七年云。天生五材民並用之。今云四德以五材對比之。尚缺一德。洪範曰五曰土是土亦五材之一。莊子在宥篇今夫百昌。司馬注曰。百昌猶百物也。藝文類聚九十九御覽九。百物生於土而反乎土言土之功用

十五引尚書考靈曜審地利者地之財也。

其重如此。故古人訓土皆曰土。吐也。能吐生萬物也。

說見御覽三十六引春秋元命苞又白虎通五行說文釋

在易離象曰百穀草木麗乎土。

釋文王肅本土作地。一切經音義二。易

石釋天及釋地。

十七卷妙法蓮華經卷三引亦作地。易

出土字僅此一見。在戰國時代鄒衍大創五德終始之說五行之說具有朴

書禹貢鄭玄注。

素的唯物因素，實有關人民生活所需，但與易之卦辭无涉。乾元亨利貞文言

提出君子行此四德者。此陰陽家已與五行家滙合。這是受到洪範的影響其

釋元亨利貞。可列甲圖以明之。

甲
圖

離☲ 禮 亨
巽☴ 木
震☳ 元
兌☱

一.元震　又巽　巽用亨　離　利兌
生成

二.元仁　震　巽　木　亨　禮　離　火　利兌　義
貞坎
知坎水

如乾卦元亨利貞。初爻四爻變巽為元。二爻五爻變離為亨。四爻上爻變兌

為利。至乾卦六爻之變无坎。无坎即无貞。此貞由乾坤兩卦聯繫為☲☲否

中爻互☶☶漸。漸中爻有坎有離漸又互☲☲未濟。未濟內卦坎為貞。外卦離

為亨。坤卦无離坤卦之亨亦由中爻互漸互未濟而來。坤之元初爻四爻變震而來。坤之貞二爻五爻變坎

而來。坤之利由本卦坤與兌在生成為二七而來。又以乙圖明之。

圖　　　　　　　乙

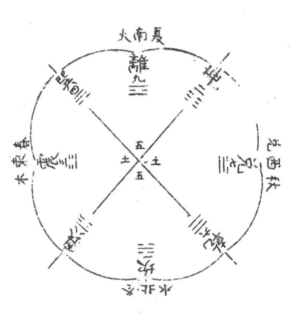

此圖以乾巽艮坤四維為主。四
正四維皆合十。離九坎一合十。
震三兌七合十。此四正之位在
四維。巽四乾六合十。坤二艮八
合十。此四維之位。艮至巽為春
為東。巽至坤為夏為南坤至乾
為秋為西。乾至艮為冬為北。亦
是元亨利貞。如此元亨利貞四
字。包括更廣了。

洪範言五行。周易之四德。當時作文言者已把五行之說與周易相合卜筮家的
周易。這時已引洪範的學說。於是元亨利貞原是卜筮家術語轉變為儒家的
思想了。

易學經典文庫

由四德進為五德，列入孚字，以元亨利貞為孚，即「仁義禮知信，亦即是木火金水土亦即是東南西北中。」以下列表，這樣層層加入，把元亨利貞為孚的說法。

越說越深，已非卜官的占筮之辭了。為何又加孚字呢。學者認為孚字為幹旋元亨利貞。儒家以為若孚字未能解釋清楚，則元亨利貞四德，亦在虛无漂沙之間。王弼釋中孚象。

中孚，柔在內祖縣按、王弼以為四德之一，而剛得中。祖縣按、王弼以說為四德之二，說為四德之三，而巽。為四德按、王弼以孚，祖縣按、後人以說而巽續巽。為四德之四。孚孚字為孚自為句。不續上。

王弼注又云。

有上四德，然後有孚。

王弼注已把四德增入孚字作五德。柔指兌巽兩卦為陰卦言，則指五爻得位言，說同悅，指兌。兌為下卦，巽指上卦，孚指元亨利貞四德之外另是一德。孚指元亨利貞四德之外，另是一德。

魏晉學者，進一步闡明五德終始之說，認為極泛奶發，然後能一貫周易之

理。周易之卦辭爻辭。无非以元亨利貞孚統括之。而孚字尤為重要。陳壽熊

易說於乾卦元亨利貞四字。思曲盡其說。以大釋元。即不正確。陳謂爾雅說

文及漢儒解易俱未有訓元為大者此陳氏之失言大與元實不相涉矣是指

乾卦並非指元之一字。而陳氏竟忘却乾象云。大哉乾元。萬物資始。乃統天之

語。因乾卦具元亨利貞四德。並非以一元字。即可統乾卦。此由解釋未能釐正

所致。至孚字。在卦名中孚餘凡七見。是元仁亨禮利義貞知孚則為信。在國

語周語云。

　　制義庶孚以行之。……制義庶孚信也。

韋昭解云。

　　孚。信也。

爾雅釋詁。

　　孚。信也。

易雜卦傳。

　　中孚。信也。

說文。

孚卵孚也。一曰信也。

徐鍇繫傳曰。

孚信也。鳥之乳卵。皆如其期不失信也。鳥抱恆以爪反覆其卵也。會意。

乳為孚之孳乳。而聲韋不同紐。說文人及鳥生子曰乳。人懷妊十月而生子。亦不失

信。漢儒於易釋孚為信。惟信字所由來。皆未言明。虞翻釋孚拘泥於爻不云

習坎為孚。即云二爻五爻為孚。實失諸遠。然其他諸家多不著一字。如䷗䷭

需卦。

需有孚。

虞翻曰。

孚為五。

此虞氏據坎卦習坎有孚立說。實未諦。惠棟以需有孚光為句。更失諸遠當以

光續下句。惠氏云。

坎為孚。離為光。故有孚光。

惠說未諦。原文光亨貞亨即指離貞亨即指坎。加以光字以形容離之火。坎之

水光即坤文言。含萬物而化光之光義同。光當從干寶釋大亨為信者即在

中宮相拘絞之位。即戊己見說文戊部。故言孚者非錯即中爻。亦名或為本宮之游魂虞氏以

需五爻為坎不知需為坤宮之游魂卦離游魂不離坤之宮次。故下有孚兩字當

從中爻互坤及坤之游魂明其義又三三訟。

訟.有孚

荀爽曰。

陽來居二。而孚於初。故曰訟有孚。

虞翻曰。

遯三之二。

干寶曰。

訟.離之游魂也。

荀虞兩說皆以二爻為主而義則異。干寶能知訟為游魂而下文以周發伐紂

來比附未達孚義且以下文窒惕窒字續上作訟有孚窒句謂又三三觀

易學經典文庫

馬融曰。

有孚顯若。

虞翻云。

孚信。

虞翻曰。

孚信為五。

馬虞兩說皆釋孚為信。惟卦辭何以出此孚字。皆未明白揭出。此據中爻立說。因觀中爻為三四剝。剝中爻為三四坤。中為土即戊五己十因藉中爻為之又以中爻之坤。以代表土。惠棟周易述申虞義以坎為孚。是據三三坎卦卦辭。習坎有孚而來。其義殊非。又坎卦

習坎有孚。

虞翻曰。

乾二五之坤。與離旁通于爻觀上之二。祖絲據凡解卦習常也。祖絲據解不當釋以爻。習常也。惠棟易常為重。盖云虞謂習為常。于象義不協。孚信謂二五水行往來朝宗於海。故易之坎。惠易重。據象習坎重險也。不失其時。如日月行天。故習坎為孚也。

虞說盧，此當卞爻定義。坎中爻爲☷☳頤。頤中爻爲☷☷坤。說見前又☷☷

損卦。

虞翻曰。

損。有孚元。吉无咎。

虞翻曰，

泰初之上。損下益上以據二陰。故有孚元。吉无咎。

虞氏謂泰初之上爲☷☷蠱。在蠱卦辭虞翻注云。泰初之上與隨旁通李

棒柟云。當作泰三之上。周易惠棟周易述補、惠棟述、張惠言 周易虞氏義周易虞氏消息、皆未訂正此亦當

以中爻求孚損中爻☷☷復。復中爻☷☷坤鄭玄對損卦云。

艮爲山。兌爲澤。互體坤。祖縣按互體即中爻，坤爲地。

鄭玄雖未解孚字然對損卦亦以中爻立說。又☷☷夬卦云，

孚號有屬。

虞翻曰，

陽夬陰息卦也。剛決柔。與剝旁通。……陽在二五稱孚。祖縣按、虞說非。

集陰孚謂五也。
上舉觀卦二爻

虞氏注剝云。陰消陽也。與夬旁通。立方通即錯。夬卦辭。夬字當以錯

求之。因剝☷☷中爻互坤坤為土。假坤象之。即孚由錯而來。惟虞氏謂

陽二五稱孚。據坎卦之習坎有孚立說。殊非。王弼注。對孚字无肯定之

見解。惟對於夬卦。乃云夬與剝反者也。為錯立論以象剛決柔為提綱。

惟於孚字未知所指。又☷☷革云。

草己日乃孚。

卦辭元亨利貞孚具備者惟革卦。漢人馬融鄭玄宋袁虞翻皆有說。

馬鄭不釋孚。宋袁雖釋孚殊失孚義虞翻云。

遯上之初。祖縣換。初爻為巛爻遯。與蒙旁通。祖縣換革消
息為☷☷蒙。離為日孚謂坎四動

體離。四動體離其實虞氏立說謂習坎有孚所致。☷☷既濟虞氏所謂坎
五在坎中故已日乃孚。

虞氏仍謂讀習坎有孚而立論。如需卦需有孚。需外卦是坎。執習坎有孚。以

解此卦殊失其義。觀卦有孚顯若。觀无坎。虞氏以孚信為五來搪塞之。但終

不合於理。至坎卦習坎有孚。因內外二卦皆為坎。虞氏據為典要。不知孚字之

義出於中爻。是虞氏謂讀此句。未能體會所致。至損卦无坎象虞氏以泰初之

上釋之，夬卦亦无坎象。虞氏以陽二五稱孚釋之。至此卦，己日乃孚，己字究

作何解。恍忽其辭至孚字之義更不能達出。在易緯通卦驗曰。

故曰八卦變象皆在干己。

鄭玄注以己人君也。涉論語堯曰篇，恭己正南面而已焉而謂己即戊己之

己。為解釋己字之真諦。朱震漢上易傳云。卷五革卦

己日先儒讀作己事之己當讀作戊己之己。十日至庚而更更革也自

庚至己十日浹矣。祖絪按十日至庚而更即庚辛壬癸甲乙丙丁戊己謂之十日，己日者，浹日也。

朱氏釋己字近是惜對於孚字未能明解。與朱震同時者有李光亦以己

為戊己之己。說見讀易詳說吳澄易纂言下經第二云

天有十日甲至戊為前五日，己至癸為後五日變革天下之事不當輕

遽乃能孚信於人故以十日為率革於未及中半之前不若革於己

過中半之後則無輕遽之失而能孚於人也。

吳氏釋己以為戊己之己，與朱震同惟對於孚字亦未有確解，何楷古周易訂

詁即纂吳氏說暑更數字而已來知德周易集注云

己者信也。五性。仁義禮智信。惟信屬土。故以己言之。不言戊而言己者。

離兌皆陰卦。祖縣接革内卦離外。故以陰言土。祖縣接陰陽土名解。來氏失言茫乎在

夫土生之音為五。反之音為十。所謂反者。以己十之數。減坎一為九。減離九為一。減坤二為八。減艮八為二。減震三為七。減兌七為三。減乾六為四。減巽四為六。所謂反者。即洛書之位陽陰

宥篇令夫百昌皆生於土而反于土。祖縣接管乎五行篇辰戊丑未月各有土王日。十干丙

丁戊己而後庚辛。言離火燒金。必有土。方可契孚之意。故月令于金火之間置一中央土。

祖縣按此二句未詳所出本時珍本草綱目八引太清法云金稟中宮陰土之氣然

離火燒兌金斷裂者。惟土可接續。且文王圓圖。離兌中間乃坤土。故言己也。祖縣按此乃氏據洛書方位言。凡

金生之處。蓋有陰土陽土之別。

來氏之說。雖述孚字之義。語焉靡詳。錢一本儀象管見有云。

蓋中爻震為甲日。祖縣按震中爻兌為庚。與中爻兌為庚。十干有甲。巽之九五

坎當為三。師妹當云。巽與九五中爻為庚。不合生成之理。至三。先庚三日。後庚三日是爻中

位土中之數。戊陽土陽主生。坎中一陽為戊日。己陰土陰主成。離中

祖縣按坎戊離己錢氏以納甲立說與生成違。故己日乃孚。

一陰。為己日。祖縣接此句文氣不足。戊己十干之中土之

錢氏與高攀龍為東林社友。高氏周易孔義。對此卦云。

己日。當草之日也。祖縣接上爲土之謂。上者中也。土乃離之中也。

高錢二氏皆以納甲立說。而錢氏已知中爻之用。但不明天五戊。地十己旡

定位。須藉中爻與錯及游魂。此繫辭所謂曲成萬物而不遺者是。又所謂推

而行之謂之通者是。至曲成推行。皆有一定之規律漢人之說。以坎為孚。乃

據坎卦習坎有孚立說。至虞翻對己日乃孚。以離納己立說。後人又加以納

甲即坎納戊離納己說。不知納甲周泰諸子所未言。自魏伯陽參同契始。以

明潮汐應月之理。所謂戊己。不過如代數之符號雖潮汐應月暗與孚合究

非周易孚字之義。至己為戊己之己清人治易者。咸遵術之毛奇齡釋革之

六二己日乃革之亦云。庚者更革之義。先於庚者己也庚欲革必先之己曰。

而乃可以革。亦以己為戊己之己。如胡安世大易則通歸起、先闡易李光地按語以己日乃

吳常宗孝光、朱震說。徐在漢易或繫錢、胡煦周易孔函書、沈起元周易包彬、任啟運周易

易玩、楊以迥周易通解、端木國瑚周易指、陳澧學易周易象、五要義、洋說暨先子易、鄭本五

易解等皆以己為戊己之己立論。各有發揮。惜泥於坎為孚。進一步以離為孚。又創異

姚配中氏學易。少游移不可捉摸之辭出之。黎世序易注以己為己土。又創異

議云。

凡人自稱曰己。顏淵問仁。亦曰克己復禮。其皆指離中之己土耶。祖縣按離中己土出納甲對孚字不能貫通。離之有己陰也。人之有己私也。克去陰私天下歸仁矣。黎氏此論更為不經革具元亨利貞。下加悔亡二字。因革中爻 ䷫姤。姤中爻 ䷀乾。乾綜 ䷁坤。坤為土。土為信。即是信。若以坎卦習坎有孚以解孚字。則未明章句。

自漢以來解孚為信。若以坎卦之習坎有孚句以概孚字。乃是養其一指而失其肩背令舉卦辭有孚如下。

需⋯⋯有孚。

訟⋯⋯有孚。

觀⋯⋯有孚顯若。

坎⋯⋯有孚。

損⋯⋯有孚。

右五卦皆出有孚二字乾鑿度爻孤頡連正義。以加孚為五德。來知德又特別揭出有孚。諸家訓詁咸所未及此有孚與繫辭易有太極之有相同凡卦辭對

元亨利貞四字。元无觀字亨則有光亨小亨。利則有小利不利貞則有覯貞永貞女貞君子貞。孚字與元相同。經傳釋有字字。春秋隱公十有一年于寶曰十盈則更始以奇從盈數。故言有也。孔穎達左傳正義引頼干氏春秋傳左傳函傳義文。有孚集解僅引訟有孚一解。惜干氏周易注已佚對於未出有字又引共孚號有屬一解以剛決柔立說。又引萃象已曰乃孚萃而信之謂天命已至之曰此以己作巳解。至解孚字皆為信。卅九二象九二之孚井上六有孚元吉及本卦九四有孚改命吉未濟六五有孚吉皆以信釋孚有字未釋近人以孚釋俘以卜辭及金文解之。以卦名孚字者為中孚序卦云。

節而信之。<small>祖縣接節在中孚之前。故受之以中孚。</small>

雜卦傳曰。

中孚。信也。

孚信也。

據序卦雜卦中孚之孚以信釋之則无可疑自漢以來釋中孚者鄭玄曰。

又陸績曰。

中孚信也。

44

鄭陸二氏之說。是據序卦雜卦虞翻曰。

訟四之初也。祖縣按三三中孚訟初之四為巽……等訟以訟有孚釋中孚惟以坎孚象在中謂二也。祖縣按訟內卦初之四為坎陽爻居二爻故曰在中。故稱中孚。

虞翻說此治漢易之大概治宋者以程傳為主。明來知德依傳成文高攀龍亦同清人釋此者大率以虞注程傳為依歸義有多家莫衷一是杭辛齋易楔云。

虞說仍以坎卦有孚立說似未得中孚之旨。史徵口訣義惜全文缺佚致不能考訂惠棟周易述至革未竟而卒。江藩補之以鄭玄爻辰李松林補之以

舊說孚信也。坎為信凡卦言孚者皆指坎似是而實非也。祖縣按舊說以坎為信叢習坎有孚而為之意。祖縣按化育兩字出禮記中庸在易惟乾坤兩卦乾資始坤資生即是化育惟中孚卦象實以巽五兌十。祖縣按巽異五兌十未坎為水屬知。不孚果指坎何以中孚无坎象孚固有信之一義然信字不五兌十乃五十。五數之中於五行為土。土主化物。故曰中孚其曰有孚者祖是似是當刪。中孚卦象鳥以爪抱子。爪子以象抱卵有化育以盡孚必實信一義孚從爪從子象鳥以爪抱子爪子以象抱卵有化育祥易楔翰卦名說同異在河圖次第居五杭氏據此為數非是又杭氏易數偶得其五六則云中孚與上兌居下。先天兌居辰五巳六之位然合兌十亦不符又杭氏易學易举诀初集論中孚亦四異乃五十。

45

三易新論

按中孚不有。謂大有。火天大有。離也。

出有孚

〔祖舉按，杭氏以大有釋有孚末讀，大有不獨卦名，古人以品物咸亨為大有。春秋宣十六年經大有年，左傳昭五年大有災功，孚則指坎。坎離居南北之位，合乾坤之中，維中能孚，故曰有孚。有〕

則大孚則化有孚者，即中庸所謂大德敦化也。凡易之道一陰一陽，必陽孚於陰，而後陰孚於陽，而後陰陽和而成化育之功。（下畧）

杭氏對於中孚用力多而成功少。漢儒因中孚為艮卦之游魂，又中爻為☳☶頤，頤中爻☳☶坤，凡中爻之土，非真坤土，假借坤為之。故卦名中孚，說文中和也。白虎通五行，中，和也。和與生成之義合，令之治易者以甲骨文未發現孚字，即以俘字實之。周易對俘獲他族之人則用係字，孟子梁惠王篇係累其子弟，淮南子本經訓係人之子女，皆指俘虜。

以上所述，對於孚字，已有初步的認識。惟姤初六，羸豕孚蹢躅，這孚字是零一義。王弼注孚猶務躁也。躁正字為趯，禮記月令處去掩身毋躁注躁動也。義欠明顯，孚為捋之假，羸豕謂牝豕也。捋謂引取也。玉篇引取作聚，言牝豕遇牡豕，其狀如此。總之，周易卦辭舉元亨利貞四字孚字，漢之學者以五行之說解之，茲列表以明之。（惟子夏傳等義膚，故不列。）

四德惜　孝德　元亨利貞　孝

五行　木火金水土

四時　春夏秋冬　辰戌丑未月四季土王

方位　東南西北中

十日　甲乙丙丁庚辛壬癸戊己

五味　酸苦辛鹹甘

五音　角徵商羽宮

五數　八九七六五

生成　三四九二七六五十

五藏　肝脾肺腎心

五德之孝隱惜

如益象系木道乃行乾文言火乾燥鼎六五鼎黃耳金鉉乾文言水乾淫離承百牧草不離乎土之類又非左傳眽十七年眽度江見上引乾鑿度孔穎達謹乾緯辛鼎作火微五家統

如坤卦求南得朋西北喪朋之類
說詳說卦傳

如蠱卦辭先甲三日巽九五後庚三日革卦辭己日乃革

據洪範列入　即卦辭爻辭有甘節苦節

據禮記樂記列入　如醫書靈樞陰陽二十八篇之類

據月令等列入　惟原文有譌從戴訂正

全上即繫辭天一地二章

據素問列入

五色　青　赤　白　黑　黃　　據月令素問列入易說殊多。

五性　仁　禮　義　智　信　　五性是對人說見止。

五事　言口　視目　聽耳　貌容　思心　　據洪範補。

易學者言五事至多，層層加深。无所不包。右列十三行。僅其大畧而已總之元亨利貞真諦未明，而五德之說。歷代遞增，層層加深。愈說愈遠已非原始元亨利孚五字的真諦。但歷代以易理配合各家如五行家學說。進為大宗這是把卜筮家的周易別樹新義，成為哲學家言。非分別疏通，則易理難明，今乃集諸家之說疏通辨證云兩，

第十一章　周易新論　二

七.卦象探原

卦爻辭出於卜官之手。卜官定辭的時候，斷卦之象有「有攸往」，「无攸往」之類。斷卦的結果，為「吉」「凶」，這些都是卜官們的術語，卜官所作繇辭，是據象來斷的。卦爻辭係卜筮尚占的資料，參考左傳國語所載筮辭，就能明白卜官據象下斷辭的斷辭的方法。如能考定這樣六十四卦的規律，才能探索。茲探索如下。

一.虞翻頤卦注云與乾坤坎離大過小過中孚同義。虞氏以頤與乾坤等八卦同義即指上下二卦連續。其例是也。疑虞據孟喜家法惜泥於卦變未能一一闡明。

二.周易六十四卦，上下兩卦連續的卦是乾、坤、坎、離、頤、大過、中孚、小過八個卦，其他五十六卦都藉此八個卦的神突的功用來斷的不連續

則六十四卦一一隔離不能錯綜不會發生變化的。

三·衝突的規律是卦與卦中間的聯系乾、坤、坎、離、頤、大過、中孚、小過八個卦有一定的聯系過程。乾坤坎離四個卦用否泰既濟未濟四個卦作為聯系。頤大過中孚小過四個卦用歸妹蠱漸隨四個卦作為聯系的。

凡游魂的卦就刑歸魂作為聯系的。

四·衝突以后就發生變化這一定要用受之以的規則。序卦傳處處說明受之以的規律。但是受之以的規律是兩兩相對就是上下兩卦受之以下面的兩卦。這樣才能矛盾統一无窮變化。

這些規律主要以乾卦為主的現在把六十四卦的組織根據上述的條例一一探索如下。

1. 乾 ䷀   兩卦各自獨立不能相續。

2. 坤 ䷁   其聯系為 ䷁ 否為乾宮三世之卦。

相錯   乾錯坤 ䷀䷁   世位則同而陰陽相反此一定之例。
坤錯乾 ䷁䷀

易學經典文庫

50

周易尚變所謂變者。是據六爻之變而言乾坤、

坎、離、震、艮、巽、兑京房所謂八純卦。亦即本宫宫本
之義。即乾在乾宫坤在
坤宫坎離以下類推。之上世卦繫辭因而重之言

三畫之卦。其卦名已立。如乾 坤 坤父 乾母

震 巽 震長男 巽長女 坎 離 坎後中男 離後中女 艮 兑 艮少男 兑少女

三畫成卦後當三而重之乃為六畫之卦。如

三畫之乾。重之為乾。三畫之坤重之為

坤。卜官所作的卦辭爻辭是根據這個規則的。

乾坤上下兩卦不是相續。但是可聯系的。如乾軒聯系為

否以坤外卦乾内卦順讀之是也。為泰以坤内卦乾外卦倒讀之是也。否泰

者乾坤之半漢儒謂之三世卦。凡三世之卦即為三畫之位。是未因而重之之

卦。始乾終坤。乾至坤適六十四卦。而乾坤是錯因錯而合兩卦三百六十策。

乾坤卦解，

乾　元、亨、利、貞、

51

坤　元、亨、利、句。牝馬之貞。君子有攸往。先迷後得、主利。西南得朋。
東北喪朋安貞吉。

卦辭裡的元亨利貞是卜筮家術語。卜官定辭的方法是根據六爻的變化。然後
下辭的怎樣的變化。卜官下元亨利貞的術語呢。方法是不可深究了。從文言傳
的作者和漢儒來說。把陰陽家和五行家諸說。糾纏在一起他們的說法是這
樣的乾的初九。九四變巽巽為木。是元。九二九五變離離為火。是亨九三上九
變兌兌為金是利。但是貞是水。乾无水所以沒有貞坤的初六六四變震震
為木是元。六二六五變坎。坎為水。是貞坤无火因此无亨坤又无金因此又
无利這樣以五行立說。細析就缺點很多了由此證之。陰陽家和五行家的學說。
原來是不同的戰國至漢才混為一了。乾无貞坤无亨利究竟如何解釋呢。以
漢學家法考之。先言乾坤六爻之變。

　　　　爻變周易序。

二二二
、初九乎二爻　姤
　　　　脱典傳
九三乃至同人　同人大有序

　　　　爻變周易序
、復利序
、初六六二三⋯⋯復　師比序
、六二⋯⋯師　漸豫序
　　　　乾坤兩卦横圖序的對比

52

乾
九三 ䷉ 履　　履小畜序
九四 ䷈ 小畜　以上言周易
九五 ䷍ 大有　之序、凡爻變
上九 ䷀ 乾　　相錯之卦世
　　　　　　位相同

坤
六三 ䷎ 謙　　夬利序
六四 ䷏ 豫　　大有比序
六五 ䷇ 比　　小畜謙序
上六 ䷖ 剝　　履謙序
　　　　　　同人師序
　　　　　　姤復序

以乾坤之變演之。則卦辭裡的元亨利貞四字究作何解呢。余友程耿人金華解乾

无貞坤无亨利曰。

以上下兩卦言之乾之貞。在師之坤芙六二比之六五坤之亨。又在同人乾九

二大有九五。

程君據余上列乾坤兩卦之變立說。粗讀之似然細推演之立說亦非困卦之

元亨利貞。如上列乾卦之變。初九姤九四小畜由乾變巽巽為木不可以元字

擬議之九二同人九五大有由乾變離離為火可以亨字擬議之九三履上九

夬。由乾變兌可以利字擬議之缺一貞字以坤卦六二之師。六五之比以坤宮

之之變。以湊合乾卦之貞未免太形周折。在乾宮硬湊元亨利貞而坤宮萬

不能湊合。坤初六復。六四豫。由坤變震。震為木可以元字擬議之。六二師六五比。

由坤變坎。坎為水可以貞字擬議之。至六三謙上六剝由坤變艮。艮者河

圖四隅之位。河圖有次第而无數。強以洛書言之。艮數八生成之數三八為

朋八亦為木。則木重出。萬不能湊合。或曰坤之利。由生成而來。坤數二兌

數七二七同道。像本卦立說。如是則可得利。若謂讀洪範二七為火。仍少利德

乾卦仍少貞。坤卦仍少亨。說亦非是。漢儒進以貞為坎。亨為離。洛書之坎離。演時當知洪範之二字是言次第。但是

由河圖之乾坤而來。未濟能續乾坤。凡中爻三互止成乾坤既濟未濟四卦。乃

知乾无貞坤无亨貞亨能續乾坤之未濟。未濟內卦之坎為貞外卦之離為亨。

中爻之功用如此。至於宋儒解釋更玄之又玄了。乾坤之元亨利貞之運用分析

如上至乾之爻辭。乃言乾道之變化初九潛龍勿用係龍用叶。九二見龍在田

利見大人田人叶九五飛龍在天利見大人。天人叶此為爻辭之韻文上九元

龍有悔在象云亢龍有悔盈不可久也文言曰亢龍有悔窮之災也乃指能變

則久。蔡辭易窮則變變則通通則久立說乾卦六爻初九九二九五上九四爻皆言龍沈麟士曰。

龍。假象也天地之氣有升降。祖孫按天地升降即是消息升降繫葡爽說而誤君子之道有行藏龍

之為物。能飛能潛。故借龍比君子之德。

沈氏之說。龍假象也。這句是正確的。假象即變化。以上下讀之。如乾錯坤。

錯乾即是變消息亦係變其變以位為規律。不言位則釀災失去規律。循龍

鮎君子之德。這是封建思想。有局限性的。

坤之六爻。皆言古時男女未制衣裳裸體之象。故繫辭云黃帝神農垂衣

裳而天下治。蓋取諸乾坤。是為明證說卦傳不舉衣裳。因為說卦傳的作

者。其時衣裳早已發明可證說卦傳時代已晚。裸說文作羸。坤卦初六履

霜言天寒霜降。不可無裳。六二直方。以直方大句。非是大字獨立體記深

衣曲裾如矩以應方。負繩及踝以應直。負繩方者。以直其政方之義也。故

易曰坤六二之動直以方也。以直方為句。是明證且合坤為裳之義六二

含章含指女子之陰戶章指斂陰戶之物。淮南子精神訓而障之以手

也。注斂與章障古通用六四括囊。古未發明衣裳時。以樹葉斂之之類六

五黃裳六五不獨發明下裳且超凿色采上六玄黃六爻皆叶。若以直方大為句。是

失其韻當以直方句。大句。於義始合凡卦之三百八十四爻皆同此推如乾之

三易新論

55

六爻之變。為姤同人履小畜大有夬六爻。此則用九。在姤同人等六卦的之變。

則用六坤六爻之變復師謙豫比剝六爻此則用六。在復師等六卦則用九凡

卦皆如此推。

4 蒙䷃䷃ 四離

3 屯䷂䷂ 坎

三三乾。

兩卦連續 小過。　小過中爻互大過。　大過中爻互

相錯

鼎　二離

革　四坎

坎二離四為六。兩卦之組織在坎。當以坎為主凡遇坎離兩卦連繫之

卦當作弧形觀。坎加震上為屯坎加坎上為蒙。

屯蒙連系之小過。並非以意為之乃有式可

循。上下兩卦連續。屯蒙反之頤於蒙

屯則蒙居屯上。為　　　以屯蒙兩卦例之當以

屯居蒙上為原則。若蒙居屯上則犯倒置之

非。從此當取小過與坎。以下各卦同此。

易學經典文庫

屯蒙者。為坎交坤之旁宮震艮。坎震交為屯。艮坎交為蒙。屯中爻互䷖

剝。剝窮上而反下。序卦。乾爻變至剝陽氣將盡。即所謂陽剛不振是。蒙

中爻互䷗復。復也者是陽復即陰始出柔而為剛。故屯蒙之理相互即剝

復之道剝復皆互䷁坤坤在屯蒙之前藉此一互。故坤能與屯蒙

連續。而使屯蒙為續坤之卦上下一貫。在屯蒙兩卦連續之䷽小過小

過中爻互䷼大過中爻互䷀乾錯坤。乾坤即為屯蒙之前兩卦此乾

坤能受之以屯蒙。受之以三字為序卦一個名詞序卦傳以卦位推坤受之以之法。

䷂屯。屯卦兩陽爻初爻三十二位。變陰除本卦隔三十二位為比五爻二

位比二位為坤。屯卦四陰爻六二爻十六位。除本卦隔十六位為節六三爻

八位除本位節隔八位為需六四爻四位。隔四位為夬上六爻一位共隔一

位為乾蒙如屯推之。此亦乾卦受之以之一例。或曰視屯蒙兩卦之圖。

坎艮交為䷦蹇震坎交為䷧解。似與屯蒙兩卦相同何以不用蹇解而

用屯蒙答曰。不用蹇解者因蹇為兌宮四世卦。解為震宮二世卦與坎離

同為四正之卦。故不能連續乾坤因以宮世為主。四正之卦。不能引入四隅，

據為典要又屯蒙相錯為䷂䷃鼎、為䷱䷰革。鼎離坎

鼎繼乾坤者。因敷施尚未行。且應先坎後離。而鼎革兩卦未得其序不得
離二世。不以革
革坎四世。
以鼎為離二世。革為坎四世。又不得以世位相同而為例。至屯蒙的卦辭。

屯。元亨利貞。勿用有攸往。利建侯。

蒙。亨。匪我求童蒙。童蒙求我。初筮告。再三瀆。瀆則不告。利貞。

屯言元亨利貞。由剝復中爻互坤小過中爻互乾而來。有攸往即攄連
續而言。坤之卦辭君子有攸往此則襯以勿用二字是言不必有所往。其
意尚非其時。因屯中爻互艮說卦傳序卦傳及雜卦傳皆云艮止也止
即勿用利建侯之利重言利字。卜官其義如此。虞翻注。震為侯。初剛難拔。
故利以建侯。老子曰善建者不拔虞以震為侯是也。釋建字虞此建字亦由中
爻互艮立義是艮為手建之象重言利者因小過中爻互兌而言王弼注得主則定承坤
卦先遂後得主利句而立義。是王氏已知屯蒙受之以乾坤之理蒙言亨因蒙為
離四世卦。離為火是亨利亦指小過中爻互兌言貞指內卦坎繫辭以易之興
也其當殷之末世周之盛德邪當文王與紂之事邪卜官作卦辭以屯蒙兩卦卦

辭證之。殷周並列書武成，至於大王肇基王迹。詩大雅皇矣詢爾仇方又湯文

王曰咨咨汝殷商者七。出論語泰伯篇三分天下有其二以服事殷周之德其

可謂至德也已矣紂之於姬昌不過以名義羈縻之而已。故屯之卦辭言雖有

四德勿用有攸往即不進蒙之卦辭是指姬昌對紂而言童蒙即指紂匪

我求童蒙是說姬昌不去就紂。童蒙求我是說紂來求我童蒙一個名詞

後之解者以象蒙以養正聖功也。句如鄭玄輩多泥師之教授弟子立說義

恐不合蒙。爾雅釋言奄也尚書洪範偽孔傳云蒙陰闇也序卦傳云物生必

蒙蒙者蒙也物之稱也方言二稱小也以蒙廣其義為奄為陰闇為稱在

殷周之際。其人具此三者惟紂足以當之。鄭玄注以童蒙求為弟子荀爽

於六五童蒙吉。以有似成王任周召陸績注京房易傳六五陰爻在蒙暗又

體艮少男。故曰童蒙。陸績注京氏易傳皆以為偽書惟此說實可采。不敢以人云偽而不來。虞翻注據象蒙以養正立說

王弼注。夫明莫若聖昧莫若蒙蒙以養正乃聖功也。又云闇者求明明者不

諧於闇。故蒙之為義也于寶注云寄成王之遭周公。修改荀說更失詞把以上六家

說一一研究之。知蒙字的解說當取陸績王弼二家為是其他四說未敢附和則

童蒙二字指紂无疑。卦辭初筮告古人釋筮字義有不同。余獨采廣韻十

三祭筮云龜曰卜蓍曰筮。筮正咸作筮。決也。陸法言說簡而明左傳桓三

年卜以決疑。不疑何卜左傳言卜之義如此。然筮亦決疑廣韻云決義可

通。此與比原筮元永貞无咎同一論調因古代人民知識未開凡遇疑

難之事惟卜筮是從。洪範定其然否。雖王充論衡卜筮篇力詆其非人

們終不能破除看圍於舊俗耳再三瀆瀆則不告即禮記曲禮宗

過三之旨至比卦原筮之原字漢人亦未解釋清代治漢學者以周禮宗

伯大卜掌三兆之法三曰原兆之原解之實誤。三兆之法是卜不是筮原

爾雅釋言再也。漢書禮樂志注原重也言初筮後復再筮重筮屯之上

九小貞吉大貞凶此貞字非元亨利貞之貞當作問解周禮小宗伯又

大卜凡國之大貞卜立君卜大卦注鄭司農云貞問也此卦辭既明乃言

兩卦爻之之變。

「初九三○○比」
「六二三○○節」

「初六三三三爻損」
「九二三三爻引」

上下兩卦爻變序
比師爻序

屯

六三䷾既濟
六四䷐隨
六五䷗復
上六䷩益

蒙

九三䷜蠱
九四䷾未濟
九五䷟渙
上九䷆師

既濟未濟序
隨蠱序
復剝序
益損序

屯蒙兩卦之之變與乾坤兩卦不同。

5 需 ䷄
6 訟 ䷅
游離 游坤

兩卦連續 ䷀䷀乾

相錯

晉 明夷
游坎 游乾

上下兩卦連續需 ䷀䷀ 乾
坎 訟

坎交乾為需，乾交坎為訟。需為坤之游魂連續之卦為坎。坎交乾為需，乾交坎為訟為離之游魂。上下兩卦連續為坎坎。乾乾坤序訟為離之游魂。離序。此離物撰德之例。需中爻互䷥睽，睽又互䷾既濟。訟中爻互䷤家人。家人又互䷾未濟。既濟未濟屬坎離。屯之六三為既濟蒙之六四為未濟。見上屯蒙，易以三四兩爻為人道。始見於李氏集濟。爻變表。

解引崔憬周易探玄說。崔憬解象第三才而兩之。故六六者非它者三才之道也云。

三易新論

言重卦六爻亦天地人道。兩爻為一才。六爻為三才。則兼三才而兩之故。

六爻者即三才之道也。

集解又引陸績六爻之動。三極之道也。與崔氏各有用法。陸說云。

天有陰陽二氣。地有剛柔二性。人有仁義二行。祖縣按行、宇費解、六爻之動法。

乎此也。此三才極至之道也。初四下極。二五中極。三上上極也。

陸氏之說。以乾坤屯蒙四卦之爻變觀之。其說似不能成立。至崔氏之說以乾

坤兩卦爻例之。初止序為地天二五序。亦為地天三四序為人。在屯蒙兩卦

爻例之。屯初蒙上序。屯二蒙五序。屯三蒙四序。屯四蒙三序。屯五蒙二序。

屯上蒙初序。其說有緒可尋也。

屯蒙能受之以需訟者。以屯之三爻變為既濟未濟。故以需訟續屯

蒙。需之外卦坎三訟之內卦亦為坎三。連續為六畫卦習坎而兩卦連續

為乾猶天乾降雨露。皆水。坎雨露而萬物生。物生則人類有所需。但卦屬游魂

為游魂之卦。脫離本宮飄泊无根之卦。若能盡人之力。方能以水火為人

生之所需。孟子有言民非水火不生活。蓋兩卦似之。人類生活有所需

易學經典·文庫

則无訟。否則訟興。訟即鬪爭。非鬪爭則不能生存。其卦辭。

需。有孚光亨貞吉利涉大川。

訟。有孚室惕中吉。終凶利見大人。不利涉大川。

需訟兩卦言吉言凶乃卜筮之斷語光亨指離言因需中爻互離虞翻

云離曰有光釋光亨是貞指外卦坎言利指中爻互兑言象言險言隘指

坎言說卦傳坎隘也大川為坎險而隘不能利涉繫辭所謂刳木為舟刳

木為楫舟楫之利以濟不通致遠以利天下蓋取諸渙以對比之今

需訟兩卦之連續為習坎以渙倒習坎不過上爻不同習坎中爻互

震。震為木。制器者尚象作制。為舟楫。以涉大川。

室馬鄭作哂馬云哂猶止也。虞翻云室塞止也。朱熹云室塞也。說文室塞

也。訓塞為止塞亦止意因兩卦連續為習坎習坎中爻互為艮艮說卦傳

云。止也。干寶曰訟離之游魂也。離為戈兵說卦此天氣將刑殺刑殺指坎為

聖人將用師之卦也。干氏立說身際五胡亂華之際以傷晉室刑殺失當

而言中吉中指中爻。因訟中爻五三三家人一家之人合力以訟。故曰中吉終

凶指☷☵習坎。坎陷也。故凶。終。在訟卦卦辭出終凶。爻辭初六終吉六三終

吉上九終朝惟上九虞氏注云坤為終。以坤為終。易卦辭爻辭出終字殊

多虞氏皆以坤為終立說其初難知其上易知本末也。初辭擬之卒成之

終韓康伯注曰初者數之始上者卦之終說最簡要所謂上者當分為三

種。(一)上爻為上。(二)外卦為上。(三)內卦之變與外卦相應亦得謂之上。如本

卦六三終吉小象曰食舊德。從上吉也是其例。訟字之義王肅云以訟

成功者終必凶也。其解一論語公冶長篇。已矣乎。吾未見能見其過而

內自訟者也。自訟可以改過遷善。亦是以訟成功。未見有凶其解二利見大

人利指上下兩卦之連續有兌。兌是利又有離。離為目目能視是見大人

指連續之卦為乾。不利涉大川習坎中爻互民民止此故曰不。不利涉。

指習坎卦象習坎即重險。无兌象。故曰不利涉。下言爻變。

初九☵☴ 井
九二☴☵ 既濟

初六☴☵ 復
九二☳☷ 否

上下兩卦爻變序
井困序
既濟未濟序

64

需

九三　節
六四　夬
九五　泰
上六　小畜

訟

六三　姤
九四　渙
九五　未濟
上九　困

屯蒙能受之以需訟者。以屯之六三既濟。二爻變為需。蒙之六四未濟。五爻變為訟。因二與五三與四。皆相連續。故繼屯蒙。

節渙序
夬姤序
泰否序

小畜履序
需九三與六四、不變之爻以不變者錯讀之為需訟六二與九四之爻以不變有爻錯讀之為訟皆屬本卦下不舉。

7　師　歸坎
8　比　歸坤

兩卦連續　坎　中爻　頤　頤中爻　坤　相錯　同人　大有　歸乾歸離

上下兩卦連續為師　比　上需訟兩卦。上下兩卦連續為乾坎。
坎

陰陽不和。故為游魂。此則為坤坎。陰陽和。故為歸魂。

三易新論

65

師。貞。大人吉无咎。

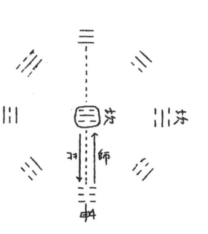

坤交坎為師。坎交坤為比。訟不勝。可受之以師需
不進。可受之以比。其卦離。

比。吉。原筮。元永貞无咎。不寧方來。後夫凶。

師貞言師卦內卦坎。坎水為貞。大人二字以周禮司馬政官之職已有關文不可考。

至漢儒改大人。改大人係于夏。傳其說不足據。與卦理坤坎成卦之理悖矣。坤坎同位是為合度讀

孟子曹交問一節。孟子告知古人于身度審辨頗詳曹交言文王十尺坎中有癸。

癸數十。十十之數。十尺為丈。大人以身度之長。喻德能長人者也。言訟不勝可繼

之以師。

比。原筮說見前。元因師比兩卦連續處為三震。震為木故曰元。貞為比外卦之坎。不審方來者坎為險即不審坤為地即方後即坎居坤位。凶即坤土克坎水故凶至爻辭。初六有宅吉宅吉蛇字。大象言以建萬國建國之區。必擇水草豐盛之地。水草能容宅。次言兩卦爻變。

```
            師
┌─────────────────────┐
上六 ䷃ 蒙
六五 ䷜ 坎
六四 ䷧ 解
六三 ䷭ 升
九二 ䷁ 坤
初六 ䷒ 臨
```

```
            比
┌─────────────────────┐
上六 ䷓ 觀
九五 ䷁ 坤
六四 ䷬ 萃
六三 ䷦ 蹇
六二 ䷜ 坎
初六 ䷂ 屯
```

上下兩卦爻變序
臨觀序
坤自序
升萃序
解蹇序
屯蒙序

師比兩卦六爻之變。與他卦異。故師之九二六五坤坎。比之六二九五亦提出坤坎。

坤坎同人大有兩卦之之變。與師比同。而隨蠱漸歸妹四卦則不同。至師比能受之以需訟者。以錯為之。此錯即兩卦連續之乾。師用外卦坤。錯則為乾。即為☰☰需。故續需訟。

訟。比用內卦坤錯則為乾。即為☰☰需。故續需訟。

兩卦連續 ䷀乾　相錯

豫 ䷏
謙 ䷎

上下兩卦連續 小畜 ䷈䷉ 履

中孚
乾
中孚

乾之旁宮，東為兌，西為巽，巽與乾為小畜，乾兌
為履。小畜中爻互 ䷝離，睽中爻又互 ䷾既濟。
履中爻互 ䷤家人，家人中爻又互 ䷿未濟。
小畜履之中爻與需訟同，此四卦爻雖不同，而中
爻則同，是非之辨則居可知。文繫辭其卦辭。

小畜，密雲不雨，自我西郊。

履虎尾，不咥人，亨。

小畜亨，指中爻互離，離為火，故曰亨。履亦言亨，亦指中爻互離言，據繫辭
殷周之事。小畜密雲不雨，周地在殷西，故曰西郊，是指姬昌而言。據史記殷
本紀語。周本紀作西伯陰行善，歸程之後，代代崇伐莒，代昆夷，即為小畜之象。
履指紂之暴虐，故以咥人喻之。漢以來諸家注釋，王弼解密雲不雨，繫結上

九既兩既處立說。因上九三巽。巽變三坎。坎為水。為雨。風散則致雨。荀子大略

篇。易曰復自道。何其咎春秋賢穆王以為能變也。荀況亦以爻作變論

履象說而應乎乾注云。不以說行夫佞邪。而以說應乎乾宜其履虎尾不

咥而亨因履之內卦為三兌。說卦傳曰兌正秋也萬物之所說也故曰說言乎

兌。又曰兌說也。古說悅。又曰兌為口舌。惟諸家釋虎尾義不一。九家易曰虎

尾謂三也。其說可采三為兌惜下說未純。先子易解履卦云獸之大曰尾虎

尾非虎之尾乃虎交尾也……兌至柔也。乾至剛也。虎性猛。然在爻

尾時則至柔。與九家易說相同。又與王弼之說亦合。乃言爻變。

義通

卷二

小畜

初九	三	巽
九二	三	家人
九三	三	中孚
六四	三	乾
九五	三	大畜
上九	三	需

履

初九	三	訟
九二	三	无妄
六三	三	乾
九四	三	中孚
九五	三	睽
上九	三	兌

上下兩卦爻變

巽兌序
家人睽序
中孚自序
乾自序
大畜无妄序
需訟序

三易新論

69

小畜履兩卦上下連續為䷀（乾）即小畜履之九三與六四，履之六三與九四未變

之爻連續，師比兩卦用錯，乾錯坤兩卦爻中互離，離錯坎，與師比兩卦連續為䷁（坤）

可通，爻位不同者，因宮次不同之故。

師比兩卦受之以小畜履者，亦用錯。師即乾與中孚上下卦聯繫處為，大有與比錯此種連

續即繫辭所謂會通。漢人解釋會通，惟荀爽有說，其言曰謂三百八十四爻陰

同人，同人與師錯，視師比上下兩卦連續之圖，又上下卦聯繫處為，大有

陽動移，各有所會，各有所通。荀氏說以三百八十四爻，釋會通，尚屬片面的

如以上述屯蒙需訟師比小畜履八個卦的爻變來觀察，爻爻雖會通

而合於生生之謂易者，實在六爻中之初上兩爻之變，如下四例。

屯初九䷂比，蒙上九䷃師，即屯蒙下隔二卦為師比。

師上六䷆蒙，比初六䷇屯，即師比上隔二卦為屯蒙。

需上六䷄小畜，訟初六䷅履，即小畜履下隔二卦為需訟。

小畜上九䷈需，履初九䷉訟，即小畜履上隔二卦為需訟。

據以上八卦證荀說，知其所指者小因會通是指卦之組織，包括所謂錯，所謂

易學經典文庫

綜。所謂中爻。所謂續。所謂兩卦連續。所謂位。以上七者備。乃及爻變皆屬會。

通。而荀氏僅言爻變。而舍此七者則缺而不全。

11 泰 ䷊ 坤/乾

12 否 ䷋ 乾/坤

兩卦連續 ䷀乾。　相錯

否 ䷋ 乾/坤

泰 ䷊ 坤/乾

此三陰三陽之卦。泰為坤三世卦。否為乾三世卦。否為乾坤兩卦之變。其上下兩卦連續泰為 ䷀乾。反之否為 ䷁坤。正義序卦傳引周氏說。以為三陰三陽

之卦。富另立一門。此周易六十四卦分為六

門。然且六門之名稱全與周易不合龔釋典之名。六門名、天道門、人事門、相因門、相反門、相須門。相病門、因隋唐之際佛學盛行故周氏據之。孔疏引用而後世治釋典言易者以為典要。穿鑿附會不知周易的時代與釋迦降生相距甚遠周氏以六十四卦。分為六門。實有違易例泰

乾 ䷀

泰 ䷊

否 ䷋

坤 ䷁

三畫乾為陽。又三畫坤為陰。否則相反。凡卦皆一正一反。泰否乃為乾坤之半體交叉則為乾坤。相綜則為否泰。此乃陰陽和及不和。故彖言萬物通萬物不通。

泰否為乾坤各半相交盡變化之極至泰中爻互☷☶歸妹。艮又互為☲☴既濟。坎

否中爻互☶☴漸。艮又中爻互為☲☴未濟。離三既濟者泰二五兩爻變皆得位未濟者

否二五兩爻變皆不得位。泰否之別如是。師比能受之以小畜履者以小畜履中爻

互既濟未濟。否泰兩卦中爻之互與小畜履同。故能連續兩卦之卦辭。

泰。小往大來。吉亨。

否之匪人。不利君子貞。大往小來。

卦辭言大小者陽卦陽爻為大。陰卦陰爻為小也。內卦為來。外卦為往。泰言亨指中

爻再互為既濟。既濟內卦離。中爻又有離。離為火。故曰亨。否言不利否无兌中爻

再互為未濟亦无兌。故曰不利。言貞。未濟內卦坎。中爻又有坎。坎為水。故曰貞。泰

象言交言通。否象言不交不通。因否卦離為乾坤之半。天地倒置不能效乾之大

生坤之資生其用則不同。人能利用天地為泰。不能利用天地為否。象言萬物无非

言生生之理。下言爻變。

初九☳☷升
九二☷☴明夷

六三☶☷无妄
六二☲☵訟

上下兩卦爻變序
升萃序
明夷晉序
臨觀序

72

泰

九三 ䷒ 臨
六四 ䷡ 大壯
六五 ䷄ 需
上六 ䷙ 大畜

否

六三 ䷠ 遯
九四 ䷓ 觀
九五 ䷢ 晉
上九 ䷬ 萃

大壯遯序
需訟序
大畜无妄序
升无妄序
明夷訟序
臨遯序
大壯觀序
需晉序
大畜萃序

泰否兩卦在橫圓序的對比可推求歸藏之序

泰否兩卦之爻變。須兩卦互相結合為序。至隨蠱頤大過坎離漸歸妹中孚小過

既濟未濟十二卦演法與泰否同。

13周人離☲☲歸乾
14大有☲☲歸離

兩卦連續☲☲離

離互☰☰大過

大過互☰☰乾

相錯
比☷☷歸坤
師☵☵歸坎

上下兩卦連續同人☰☲☰☲大有

乾交離為同人離交乾為大有。

大有象曰火在天上。大有。有言曰光照臨品物咸亨。二爻陰卦在內為中。而應乎乾。乾指外卦為乾。若兩五陽卦之歸魂屬陰。為得。柔指陰卦同人為得。離之歸魂屬陰。同人象曰。柔得

位二爻同人之正位在五爻。離之正位在得中。二爻陰卦在外為中。而應乎乾。乾外連續大有。為乾之歸魂亦。大有象曰柔得尊位。大中兩字義異。今大有二五皆失位不得

凡卦乾之正位在五爻。離之正位在得中。

應。亦大有象曰柔得尊位。爻為尊位。柔則不當。大中謂之大中。因為乾之歸魂不拘常例。

因乾離先後天同位.又為乾歸魂卦之故.九五爻辭。

而上下應之曰大有。

言相遇相克李氏集解引隋人姚規謂互體有兌.兌為澤位在秋也.乾則施生澤則流潤離則長茂.秋則成收.大富有也.大有則元亨矣.以秋則收成立說與乾之象辭首出庶物義合故初九之顆則无咎.九二之積中不敗.是言生產當盡人力能盡人力即能多收穫.至上九自天祐矣。

兩利字指上下兩卦連續兩兌象而言貞指離錯而言。

同人卦辭曰于野野指外卦乾錯坤坤為地野之屬亨指內卦離離為火故亨。

大有.元亨。

同人.于野亨.利涉大川利君子貞。

泰上九。周易易解。言人定勝天與鄭玄兩卦之解釋殊異卦辭。

大有上爻。變為震。震為足.行也.言能躬行實踐六五厥孚交如威如之理則天无不佑矣。見說

吉无不利.解此者多泥於天字下筆惟先于云言上九之吉由六五而來也變震。

大有卦辭元亨。元指上下兩卦連續有兩巽。巽為木。故曰元。內卦離上下兩卦連續有兩離。離為火故曰亨。

卦辭既明乃知泰否受之以同人大有者。與上師比兩卦續需訟用錯例同因此四卦。皆屬四正歸魂卦。乾錯坤。為三三明夷。為三三晉。明夷二爻變爻為泰。晉五爻變為否。故同人大有續泰否下言爻變。

同人

```
初九 三三 遯
六二 三三 乾
九三 三三 无妄
九四 三三 家人
九五 三三 離
上九 三三 革
```

大有

```
初九 三三 鼎
九二 三三 離
九三 三三 睽
九四 三三 大畜
六五 三三 乾
上九 三三 大壯
```

上下兩卦爻變序

```
遯大壯序
乾自序
无妄大畜序
家人睽序
離自序
草鼎序
```

同人大有錯師比。故爻變之世位相同。兩卦之爻變。乾自序，故用錯。離亦自序之爻變何以不用錯因乾二五兩爻之變為離離二五兩爻之變為乾同人大有兩卦能續泰否者其原則如此。

15 謙 五兌
16 豫 一震

上下兩卦連續謙☷☷ 豫

兩卦連續頤☷☷ 頤互坤☷☷

履☰☱ 五艮
相錯
小畜☰☴ 一巽

坤旁兩宮為震交坤為艮，如圖震交坤為☷☷豫坤
交艮為☷☷謙，謙豫象辭以三才立說，與周易卦
辭不以三才立說異，這可證明象辭以儒家的
思想加上三才的說法。謙之象曰天道下濟而光
明地道卑而上行，則下濟上行之間明言有一
中字。如乾文言云九四重剛而不中，上不在天。
下不在田。田即中。中不在人。是中者即人言能盡天地之化育，即道也。者，唯人而已。若不
在人。則萬物皆滅。豫之象曰豫順以動，動指外卦震而言。說卦傳震，動也。動即用
人之力以克服自然。故重言天地如之言以人為貴，而天地亦如人而已。而漢以來
解易者以天地在人之上，則失之遠。卦辭不言三才，象始言之出於中爻中爻
之結果。為乾坤既濟未濟四卦。乾坤天地既濟未濟人而已。

易學經典文庫

謙豫之錯。爲履小畜。在周易序卦。小畜居履前。此正相反。爲什麼因宮世不同的

緣故。謙爲兌五世卦。故錯履。因履爲艮五世卦。豫爲震一世卦。故錯小畜。因小畜

爲巽一世。故相反。則世位乃相同。此所謂變通謙中爻互䷗解。震解中爻又互

阮濟。豫中爻互蹇。兌蹇中爻又互未濟。總之中爻遇乾坤者。必用錯。而虞

翻釋坤卦。又創陽喪滅陰坤終復生之說。實去易已遠。後人治漢學者墨守虞說。陽

喪滅陰流入不可知論。坤終復生言乾消至坤爲坤終。又由坤息至復爲復生而惠

棟周易述專宗虞說。對此兩句毅然刪去兔人疑惑殊有卓見虞氏釋謙亨云乾

上九來之坤與履旁通。又釋豫卦辭云。復初之四與小畜旁通。見上相錯虞說所謂旁通

即是錯。且乾文言六爻發揮。旁通情也。是指爻變。不是指錯。同人大有何以能受

之以謙豫者其例在謙豫兩卦之連續中爻互頤。頤中爻又互坤。凡中

爻互乾互坤者爲孤陽獨陰。失去運用。必須以錯濟之。故乾錯坤乃用坤。

坤錯乾乃用乾。謙豫兩卦連續爲坤當以坤之錯乾。以乾爲用如謙之外卦

坤錯乾爲遯。乾豫之內卦坤錯乾爲大壯。四坤以續上二卦之同人大有

因

77

同人初九為三三○遯。大有上九三三三大壯。如不用乾錯即不能知謙豫續同人大有

之理。其卦辭。

謙。亨。君子有終。

○豫。利建侯行師。

虞翻注謙云乾上九來之坤與履旁通天道下濟故亨注豫云復初之四與小畜

旁通虞氏已知坤錯乾立說。惟天道下濟故亨據三三三履上乾為天履象

曰上天下澤措辭因謙錯履履中爻互離離為火故亨君子有終虞氏終為

艮。在說卦傳。艮東北之卦也。萬物之所成終而所成始也。又曰終萬物始萬物

者。豫利字亦豫錯小畜而來小畜中爻互兌兌為金利之象。建侯豫中爻互艮。

艮為手建之象。侯豫外卦震。侯之象。行師震為足行之象內卦坤坤為眾師

之象卦辭之義既明。乃言爻辭謙六三爻辭勞謙君子有終吉象曰君子勞謙謂萬

民服也。凡人類未有不勞而獲能勞者往往自矜其勞。而其人勞而不自以為勞。

故曰勞謙。因謙卦中爻互坎。坎為勞卦故曰勞。再言爻變。

〔初六三三※明夷〕

〔初六三三※震〕　上下兩卦爻變序

78

謙
六二䷭升
九三䷗坤
六四䷽小過
六五䷦蹇
上六䷳艮

豫
六二䷧解
六三䷽小過
九四䷗坤
六五䷬萃
上六䷢晉

明夷晉序
升萃序
坤自萃序
小過自序
蹇解序
艮震序

同。謙豫錯履小畜周易小畜在前履在後。故謙豫之爻變當相互讀之而世位仍相

17 隨 歸震
　　　歸巽

18 蠱 歸巽
　　　歸震

兩卦連續 小過　小過互 大過　大過互 乾

上下兩卦連續隨 蠱

蠱隨兩卦四隅之位皆備。雖未能如 咸。兌少女少男合而成卦 恒。巽長男長女合而成卦 益。三巽長男少女合而成卦 損。三艮少男少女合而成卦

隨蠱兩卦四隅之位皆備。雖未能如 咸。兌少女少男合而成卦 恒。巽長男長女合

而成卦。其為四隅之合例似一。其實則不同。因咸恒損益為四隅之義而隨

長男長女合而成卦。

蠱與䷴漸。

艮䷫䷦歸妹歸兌

爻辭官有渝官蠱才作館毅梁莊元年傳築王
姬之館于外疑至館則有變故象以出外釋之九
四爻辭在道初四相應因有事故可知四隅之
位雖居坎離兩宮之旁如坎宮其旁為巽艮坎
巽為䷭井。震䷛蒙。離四井與蒙
不序因世位井五而蒙四不成六又如離宮其
旁為兌震離兌為䷿睽。兌震離為䷴
豐。世卦暌與豐不序因世位暌四而豐五不成六隨中爻
又互䷴漸艮漸中爻又互䷾未濟。蠱中爻互䷲歸妹歸妹中爻又互䷾既濟隨與蠱之卦

隨。元亨利貞无咎。

蠱元亨利涉大川先甲三日後甲三日。

隨之卦辭可參攷乾卦文言及左傳襄九年穆姜筮於東宮文以上兩說對

於元亨利貞四字已解釋因易不能離象鄭玄虞翻兩注據象而立說鄭則

太泛虞則太拘主推三又立說然較諸焦贛云漢高祖興項籍其明證也之說鄭虞

兩說已較焦說為勝隨內卦震震為木是元外卦兌兌為金足利隨中爻互

漸漸中有坎坎為水是貞又互離離為火是亨漸之中爻互未濟未濟坎離

之半亨貞之功用益顯隨元亨利貞未能若乾卦之相得相得見故下加以无

咎繫辭云无咎善補過也故曰无咎凡卦辭之言无咎者師後有此而繼之以隨

蠱居十八卦象曰往有事也序卦傳云蠱者事也有事方合生生之謂易之

理推卦傳云蠱者飭也韓康伯云隨則有事祖緯按韓氏據序卦傳以善受之蠱隨人皆必有事故受之蠱

飭整治也蠱所以整治其事也左傳昭元年於文皿蟲為蠱凡蠱與蠱性佳害物之類害物者皆為蠱

說文蠱腹中蟲也凡害人者赤曰蠱在自然界中為害萬物者莫如蠱韓注釋以整治

整說文齊也言治蠱當齊心同力為之故卦先甲三日後甲三日言古人治蠱

之日期禮記王制疏云蠱者壞之名故左傳云皿蟲為蠱蟲食器皿巫行

邪術損壞於人重視治蠱如此在周禮司寇庶民掌除毒蠱前鄭氏掌除毒物答

有專職可證疑治蠱之日期為之日取七日來復之義先甲三日鄭玄注用辛先甲

三日為癸

壬辛三日。後甲鄭玄注用丁。甲後三日為乙丙丁三日

丁取丁寧之義。鄭說辛丁隨文衍義實不足訓，孔穎達正義云，今按輔嗣注

者創制之令不云創制之日。又異卦九五先庚三日後庚三日輔嗣注申命令謂之

庚。輔嗣又云甲庚皆申命令之謂。則輔嗣不以甲為創制之日，而諸儒不顧輔嗣

之注旨妄作異端非也。孔氏作疏以王弼注為主凡王弼注匪夷所思者亦

必曲為之解。鄭玄以為甲者造作新令之日。王弼云甲者創制之令，兩說

皆遠。考周禮已有庶氏萹氏凡周官稱氏者皆法定日期。自甲至庚共七日。在

甲先後三日。漢儒釋釋此語无中肯而爻辭五爻以父母出之更使人怳忽。

不知父母二字之所出因卦具艮少男巽、長女、父互震、長、兌、少女終互坎、男離、女六

子皆全之別女亦稱子故以六子幹父母之蠱立說。初六曰考，言父可知。蠱內

卦巽、巽為木、是元中爻互歸妹、有離是享、又有兌是利、又有坎是貞、如是

則兩卦之卦辭方能知其原委，諸家釋父母之蠱義少切實。熊良輔易傳

韓疏六五爻云諸爻稱蠱者皆幹前人已壞之事，六五至於用譽則不特幹

其事之已壞。所以立身揚名。使國人稱顧曰幸哉有子焉熊說局限於封建

易學經典文庫

之想，未能闡明耳。至謙豫何以能受之以隨蠱者。在公式較以上各卦先

為易簡在兩卦連續之小過。小過四爻變為謙。小過三爻變豫。乃言爻

變。

隨
　初九　萃
　六二　兌
　六三　革
　九四　屯
　九五　震
　上六　无妄

蠱
　初六　大畜
　九二　艮
　九三　蒙
　六四　鼎
　六五　巽
　上九　升

上下的卦爻變序
萃升序
兌巽序
革鼎序
屯蒙序
震艮序
无妄大畜序

隨蠱兩卦在橫圖序的對比
兌巽序
屯蒙序
革家序
震巽序
无妄大畜序

隨蠱為四耦之歸於。

兩卦相續大過。

大過中爻互乾。

20觀　19臨
　　　坤二
　　　乾二
　　　　四

兩卦相續大過。

大過中爻互乾。

相錯
頤
大壯
乾二
坤四

上下兩卦連續臨坤觀。

坤交乾之旁通兌巽。坤兌為臨。巽坤為觀。臨為保民。臨大象辭。觀為觀民。觀大象辭。繼隨蠱之後臨承隨而得元亨利貞居蠱卦之後臨之元亨利貞。不由乾而來。而由坤而來。若以大過互乾立說。則失其道。此言連續之理。至於八月有凶舉臨綜觀而言說見先于周易易解。卷四臨。臨為夏正十二

月卦。觀為夏正八月。象云至於八月有凶消是消而象云消不久必明明指觀卦無疑義在臨卦初爻二爻而息止觀卦五爻上爻而消止卦畫至此欲消而無所再消臨之三爻四爻為陰爻觀之三爻四爻亦為陰爻惟不能消不能息彼此隔離在易為凶象觀為八月之卦故曰八月有凶。消不久必臨以歸藏言之是息不是消而象云消不久必明明指觀卦無疑義在臨卦初爻二爻而息止觀卦五爻為陰爻惟不能消不能息彼此隔離在易為凶象觀為八月之卦故曰八月有

凶。卦氣以臨為十二月。觀為八月。其說始見稽覽圖。朱震漢上易卦圖列三圖一李漑卦氣圖。二太玄準易圖三乾坤交錯成六十四卦圖黃宗羲象數論惠棟易漢學卷一並長卿易上胡煦周易函書等皆載之惟惠氏因臨觀為四陰二陽之卦未能如否泰三陰三陽之卦消息各得其暑改原圖因臨觀為四陰二陽之卦未能如否泰三陰三陽之卦消息各得其平而陰陽和者可比觀中爻互 剝 五乾陽消至極剝中爻又互 坤臨中爻

84

互䷗復。坤陰乃初息復中爻又互䷁坤。剝反互坤臨屬坤宮至觀之爻，

虞翻以此兩卦謂臨與遯旁通。虞氏所謂旁通即是錯。觀反臨也非易之真蘊臨觀之卦辭。

臨。元亨利貞至于八月有凶。

觀盥而不薦有孚顒若，

臨之元亨利貞由坤而來至觀有孚由中爻之坤而來。觀說文諦視也盥

澡手也薦諔有多家當以敦梁楨八年注無牲而祭曰薦薦而加牲曰祭。

古時聚人以祭春秋繁露祭義祭者察也言以祭聚人以察民生有孚顒

若馬融曰以下觀上見其至盛之禮萬民敬信故曰有孚顒若，孚信顒敬也屬

說與論語學而篇敬事而信義同至隨蠱何以能受之以臨觀者是尚窮變臨為

坤二世卦去五爻上爻如中爻讀之為䷵歸妹四爻變為臨觀為乾四

世卦去初爻二爻如中爻讀之為䷴漸。漸三爻變為觀隨蠱自相錯然

隨內外卦顛倒讀之。為䷵歸妹蠱內外卦顛倒讀之。為䷴漸因隨蠱自

相錯乃借歸妹漸兩卦四三兩爻之變受之以臨觀因隨蠱歸妹漸大

過頤中孚小過四游魂卦。因居四隅之位變化殊多例如隨蠱蠱交義讀之為

三易新論

85

三三大過。震為三三中孚。巽為三三小過。兌、颠倒讀之為三三歸妹。歸、兌為三三漸。艮、歸平行讀之為三三恒。震、平行自左讀之為三三損。艮、為三三益。巽四隔歸魂游魂三世卦皆在參伍以變之中漸歸妹大過頤中孚小過咸恒損益十卦同隨蠱兩卦例演乃言爻變。

臨
初九　䷒　歸
九二　　　復
六三　　　泰
六四　　　歸妹
六五　　　節
上六　　　損

觀
初六　䷓　益
六二　　　渙
六三　　　漸
六四　　　否
九五　　　剝
上九　　　比

上下兩卦爻變序
師比序
復剝序
泰否序
歸妹漸序
節渙序
損益序

或曰。以隨蠱受之以臨觀由歸妹漸而來何不以臨之六四變歸妹。觀之六三變漸。反覺簡便。如上云。未免曲折。答曰以臨之爻變六四變為歸妹歸妹四爻變為臨觀之爻變六三變為漸。漸三爻變為觀是不合受之以之規律因本卦之爻變不變仍屬臨觀。故祇能用上兩卦以推受之以不能以本卦之爻變以推受

之以。

22 賁 ䷕
21 噬嗑 ䷔
一艮五巽

乾 ䷀

相錯
困 ䷜　井 ䷯
一兌五震

兩卦相續為小過 ䷽　　小過中爻互大過 ䷛　　大過中爻互

上下兩卦連續噬嗑賁

離震為噬嗑艮離為賁惟兩卦相對。一正一
負卜官作此兩卦之卦辭爻辭。兩相不能連繫。
雜卦傳噬嗑食也以卦名證之作食為兌衣
食二者為人生必需之物賁為服飾識得此
理然後能明識臨觀受之以噬嗑賁者虞翻
以噬嗑坤初之五 ䷓ 否三乾賁乾二之坤 ䷿ 上
泰。是以辟卦推卦變。而治虞易者。

臨二爻變除本
位艮除本位隔臨觀三十
六位為觀臨十六
噬嗑。觀初爻變。除本
位為觀四爻變為 噬嗑。
五上爻變為 賁噬嗑。
二位為益三爻變除本位隔
二位為益三爻變除本位隔

誠以為受之以之理。臨二爻四爻上爻變為 噬嗑。
實悖於易例。
位為復四爻變除本位隔復四位為噬嗑。觀初爻三爻五爻變為 賁。
為震上爻變隔震一位為噬嗑。觀初爻三爻五爻變除本

三易新論

相錯

困 ䷜ 五 震

井 ䷯ 一 兌

兩卦相續為小過 ䷽　小過中爻互大過 ䷛　大過中爻互

上下兩卦連續噬嗑 ䷔ 賁

離震為噬嗑，艮離為賁。惟兩卦相對。一正一

負，卜官作此兩卦之卦辭爻辭兩相不能連繫。

雜卦傳噬嗑食也。賁無色也以卦名證之。作食為先衣

食二者。為人生必需之物。賁為服飾。識得此

理。然後能明識臨觀受之以噬嗑賁者。虞翻

以噬嗑坤初之五 ䷖ 否 ䷋ 乾。賁乾二之坤 ䷁

泰 ䷊ 坤立說。是以辟卦推卦變。而治虞易者。

誤以為受之以之理實悖於易例。臨二爻四爻上爻變為噬嗑，臨二爻隔臨十六

為位為復四爻變除本位隔復四位觀初爻三爻五爻變為賁。觀初爻變除本位隔觀三十

為震上爻變隔震一位為噬嗑。觀初爻三爻五爻變為賁。二位為益三爻變除本位偶

88

蓋八位為家人五爻變序卦傳，對於噬嗑曰前所合，對於賁曰不可以苟合。合即指噬

噬頤中有物，與利用獄不續，乃言卦辭。

噬嗑亨利用獄。

賁亨小利有攸往。

噬嗑與賁皆言亨。噬嗑外卦離，賁內卦離，離為亨易例。內卦為主，外卦為賓。

為容，亨同而義不同。說卦傳无獄象，今噬嗑內卦震，震為雷，宋表以雷動

而威。故利用獄。荀爽九家集解坎為律，為叢棘，棘獄也。荀、虞翻坎為

獄。此荀、虞二氏引逸象為證。繫辭又舉初九上九兩爻，以賁之。凡繫辭所舉

者皆一爻，此則兩爻乃一疑點。賁小利，小指外卦艮，艮為少男，故曰小。兩卦

言利，指連續之小過，五兌言往，卦例自內曰往。賁內卦離，故小利有攸往。

困噬嗑言食，賁言飾身之物，與管子牧民篇衣食足而後知體義合。又賁大

象君子以明庶政，无敢折獄，與噬嗑之利用獄，皆出獄字，乃言爻變。

初九　　晉
六三　　瞬　睽

初九　　艮
六二　　大畜

上下兩卦爻變序
晉明夷序

三易新論

噬嗑　離

六三 ䷔ 頤
六四 ䷚ 頤
六五 ䷘ 无妄
上九 ䷲ 震

賁

九三 ䷚ 頤
六四 ䷝ 離
六五 ䷤ 家人
上九 ䷣ 明夷

睽家人序
離自序
頤自序
无妄六畜序
震艮序

賁彖辭賁亨亨字後人多疑義朱熹本義云。亨字疑衍。求之卦辭並非衍
文因賁言亨兩字不能分割賁內卦有離故不衍又李林松周易述補禩言云
本義天文上象文也，文有剛柔交錯四字惠棟云漢易无此語本義亦无之未詳李
氏所據惟王弼注有剛柔交錯而成文為天之文也句。

23 剝 ䷖ 乾
　　　　　 坤五
兩卦連續 ䷁ 坤

相錯　夬 ䷪　姤 ䷫
　　　　乾一　坤五

上下兩卦連續剝

頤
剝
坤

24 復 ䷗
　　　坤
復

坤之旁宮為艮震艮交坤為剝坤交震為復剝復兩卦言境雖處剝盡人事者必
求復之道以去剝剝為乾消至此五復為坤息之初兩卦連續為坤上下兩卦

易學經典文庫

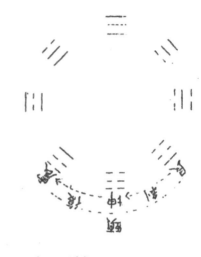

相續又為坤。在剝上爻未消。故序卦傳以物不
可終盡解之。而復又由坤息陽。故曰剝窮上反
下。惟序卦受之以。以一卦相受立說。余以為非
是。在噬嗑賁受之以。以剝復者以坤為主。以頤為
輔有圖可讀。而又捆乾。乾為坤之錯。更求之受
之以之卦噬嗑爻變六三之離。及賁爻變六四
之離剝復之組織離為要點集卦辭。

剝。不利有攸往。

復。亨出入无疾。朋來无咎。反復其道。七日來復。利有攸往。

噬嗑受之以剝噬嗑六三變䷔離中爻互兌。兌為利。今利為剝之外卦艮所
止。民止也。故曰不利有攸往。復言利者。賁受之以復。賁六四變爻為䷝離中爻
亦互兌為利。在賁六四變中爻得兩重離卦中爻又■兌。兌為利。故曰利有攸
往。這一句話承賁卦辭小利有攸往而來。賁之卦辭。小利有攸往。復之卦辭。

說卦傳。故曰不利有攸往。復言利者。賁受之以復。賁六四變

易學經典文庫

利有攸往。賁何以加以小字。復无小字。此以象為之。賁云小利。因賁外卦艮。故曰小。復則內卦震。故象言剛反動而以順行。由復而息臨。由臨而息泰。由泰而息大壯。由大壯而息夬。至夬為坤五。與剝乾五相錯。故卦辭以出入无疾言之。言有一定之次第。朋來无咎。在坤卦虞翻注剝云陰消乾也。與夬旁通。又注復云陽息坤。與姤旁通。其說可采。七日來復李鼎祚以易軌解。義反晦。當以消息解。七日。乾初九消姤為一日。九二消遯為二日。九三消否。為三日。九四消觀。為四日。九五消剝。為五日。上九消坤。為六日至七日。坤初六息復。故曰七日來復。若言月亦同。乃言爻變。

剝

初六 頤
六二 蒙
六三 艮
六四 晉
六五 觀

復

初九 坤
六二 臨
六三 明夷
六四 震
六五 七

上下兩卦爻變序
頤自序
蒙屯序
艮震序
晉明夷序
觀臨序
坤自序

剝後。

剝復兩卦爻變與噬嗑賁相同者。有晉明夷序。頤自序。艮震序。皆變一爻為

上九☰☷坤　　上六☷☷頤

25 无妄☰☳
26 大畜☶☰

二艮　四巽

相錯
萃☷☱　升☷☴

二兌　四震

兩卦連續小過☳☶

小過互大過☰☱

大過互☰☰乾

上下兩卦連續无妄

小過☳☶乾
小過☳☶大畜

乾交坤之旁宮震艮乾震為无妄。艮乾為大畜。兩卦之組織如此。戰國策楚策四朱英謂春申君曰。世有無妄之福。又有無妄之禍。記春申君列傳亦引之。無妄作毋望。索隱曰。無妄猶望謂無所希望也。馬說殊誤。惠棟周易述卷五引王

充論衡曰易无妄之應。水旱之至自有期。即。（王說見寒溫篇。）易无妄者。謂

易之无妄傳。此又據文選劉逵吳都賦注引易无妄云盤之近是虞翻

注已詰京房馬融之失虞說外畧可觀者有九家易。蜀才王弼何妥諸說。翻

至宋程頤以至誠二字釋无妄實與王弼注感剛方正私欲不行。何可以

妄使有妄之道滅无妄之道成。非大亨利貞而何義同易緯坤靈圖曰。

正序曰。天。祖緜按說卦經曰。乾。又曰飛龍在天。利見大人。乾九五。祖緜按、

故德配天地。天地不私公位稱之曰帝。祖緜按史記五帝本紀正義引在正不在私稱之

天精起。祖緜按文傳有脫佚。帝必有洪水之災。祖緜按鄭玄注初九震在子次為水此鄭

乎萬物蟄伏。故能發乎萬物之化。經曰用九。有脫。祖緜按文經曰。震下乾上无妄。

天生聖人使殺之。祖緜按孫詒讓曰殺作教之從御覽作教亦通。其實殺亦通俗通作治也。

有青之王義當從此。故堯天之精陽莫不從者。故乾居西北。萬物蟄伏致

因易有辭。因象助類。辭曰天無雲而宙先王以茂對時育萬物。祖緜按

殺之決。正括義因象助類。辭曰天無雲而宙先王以茂對時育萬物。此自言上下

皆通谷載其性故曰利貞。祖緜按今文无亨。然大畜之卦。為元大畜。中爻互歸妹。外卦又互既濟皆有離。故亨。

坤靈圖解卦辭。今僅存乾无妄大畜三卦，以為其卦辭皆頌堯之德化。乾能致

乎萬物之化无妄治洪水之災，大畜以天災將至豫畜而待之，人免於饑皆以養

萬物養人立說。惟大畜周易卦辭无元亨。坤靈圖有之。義亦可通。因无妄大畜兩

卦連續有小過。小過有震為元。大畜中爻互歸妹。歸妹中爻又互既濟歸妹有離既濟

有兩離。為亨。

剝復受之以无妄大畜者。以剝復兩卦連續為坤。无妄大畜兩卦連續為乾。乾坤相錯。

故復外卦坤錯乾為澤䷛无妄剝內卦坤錯乾為䷖大畜得无妄大畜兩卦。

受之以之公式上下卦互易。其卦辭。

无妄。元亨利貞其匪正有眚。不利有攸往。

大畜利貞不家食吉利涉大川

无妄。元由內卦震而來震為木是元亨由无妄中爻互漸。又互未濟漸與未濟有

離象離為火。是亨。又有坎象。坎為水。是貞。兩卦連續之小過有兌象。兌

為金是利。小過互大過亦有兌象是利。无妄之元亨利貞當從王弼私欲

不行為諦私欲不行之眚。故下文以其匪正有眚續之匪非之假借字廣雅

釋詁四匪非也匪正之正即史記正義在正不在私之正正則无妄私則

妄眚復上六迷復凶有災眚象曰迷復之凶反君道也鄭玄曰異自

内生曰眚復之上六與无妄相連續故出眚字小象曰反反為正之對

不利有攸往无妄中爻互小過有兌是利令為民所止故曰不利是无

所往之意大畜利貞指兩卦連續有兌貞指大畜中爻互歸妹歸妹中有

兌象有坎象歸妹中爻又互既濟既濟中爻有兩坎象既濟又為坎三世卦故卦

辭有大川大川為坎象不家食艮為門闕家之象互兌兌為口食之象

菅子牧民篇食者人之天也墨子七患篇食者國之寶也淮南子主術訓

食者民之本也象云不家食吉養賢也所見者小此云不家食當從菅

子墨子以民為本釋之義方確序卦傳云物畜然後可養此養字包括甚

大可證又兼无妄天之命也大畜應乎天也无妄大畜之上剝復兩卦皆曰

天行也宋以後諸說皆重在天字凡事以靜聽天命立說愈說愈遠天本

无物乃是假象事之成敗若諉諸於天而棄人為與自彊不息之義違乃言

爻變。

无妄

初九	䷉	否
六二	䷗	復
六三	䷘	同人
九四	䷩	益
九五	䷔	噬嗑
上九	䷐	隨

大畜

初九	䷑	蠱
九二	䷕	賁
九三	䷨	損
六四	䷍	大有
六五	䷈	小畜
上九	䷊	泰

上下兩卦爻變序

否泰序
履小畜序
同人大有序
益損序
噬嗑賁序
隨蠱序

无妄六二不耕穫，不菑畬下。禮記坊記引下有凶字。凶字當據補，言知不耕穫不菑畬為凶。在洪水時，人人知不耕穫不菑畬為凶，皆盡力於治水則利有攸往。九三爻土地平後農事日進，已以牛耕植種萬物。大畜不獨豫畜植物並且畜及動物。九三之馬，九四之牛，六五之豕可證。至上六何天之衢，衢當從管子國蓄篇壞正方四面受敵。謂之衢國之衢釋。他敦篇輕重甲篇衢塵同。故曰何天之衢是鄙天之詞。

28 大過 ䷛
27 頤 ䷚ 　游震　游巽

兩卦獨立　上下兩卦聯繫頤 ䷚ 蠱 ䷛ 大過

歸妹 ䷵ 互既

97

濟三三三　蠱三三三　互未濟　·　相錯
頤三三三　大過三三三
　　　　　　游巽　游震

濟。為承上起下之卦。表示上下兩卦連續之用。頤之卦辭曰有求口實象曰

頤大過四隅之卦位。並肩並足。陰陽不交。故為游魂。然兩卦聯繫中爻互既濟未

觀其自養承上大畜不家食。大過卦辭曰

棟撓利有攸往。承上无妄不利有攸往。立

說无妄本利有攸往。然不以正而以私始、

加以不字。故曰不利有攸往。大過本不

利有攸往。因中爻互乾。乃能如象之

獨立不懼。故曰利有攸往。象曰棟撓本

末弱也。因三三三大過。初上皆陰。初爻為

本。上爻為末。陰爻居之為弱。王弼注初

為本而上為末也。王說較勝。大過本末困弱。困中爻互乾。效乾之自強

不息。能轉柔為剛。頤中爻互三三三坤。大過中爻互三三三乾。又兩卦聯繫

98

為三三既濟，三坎三離之位，卓然可見，離屬四隅陰陽不交之卦，而四

正之位自立，故游魂為序卦之大用，即繫辭所謂曲成萬物而不遺者如

此。並可以明瞭受之以的公式，皆藉乾坤坎離頤大過中孚小過八個

卦的化裁推行變通之理。虞翻注離舉出，惜未達其旨隨蠱言歸

魂，因與八純卦同為精氣。此則言游魂同時為四隅之位，歸魂卦上下兩

陽相交游魂上下兩卦陰與陰遇陽與陽遇頤大過正與隨蠱相反，此游

魂與歸魂之不同。頤大過交叉讀之為三三蠱。歸巽為三三漸，歸艮為三三

隨。震為三三歸妹，兌歸，在隨蠱兩卦交叉讀之皆為游魂。此則皆為歸

魂平行讀之，為三三損，艮為三三恒，震平行自左讀之，為三三咸，兌為

三三益。巽與隨蠱同為三世卦，然卦序則不同。

无妄大畜受之以頤大過者因无妄大過兩卦連續為小過，小過中爻互大過

互乾乾為獨陽，獨陽則不生，轂梁傳必錯坤而後生頤受之以由坤而來。

大過受之以由乾而來，可得明證，乃言兩卦之卦辭。

頤貞者觀頤，自求口實。

大過．棟撓利有攸往．亨。

在歸妹之坎及既濟之兩坎坎爲水是真大過之亨。

頤大過兩卦諸家注釋對貞字利字亨字均失其義因此爲游魂之卦若拘於本卦卦畫以求之則義萬不能通當由兩卦聯繫之歸妹求之又由歸妹中爻互既濟而求之乃得兩卦貞亨之義頤之貞在歸妹之離及既濟之兩離離爲火是亨大過之利在外卦之兑．兑爲金是利頤之自求口實承上大畜不家食爲更進頤内卦震．震動也外卦艮艮爲手．中爻互坤坤爲地．人能動手於地下即是耕穫耕穫然後得食此自求口實之謂．若不能自求．終不能自得．序卦上易注．即失頤之道．大過棟撓象曰大過本末弱也．來知德曰古人作字本末皆從木來．木下加一畫陽取根株回燧故爲本．木上加一畫陽．取枝葉向滎．故爲末．説文．木下曰本．木上一在其下本从木．木上一在其上曰末．从木．本末代而言．經曰棟則木已代．來氏釋本末亦一其上．來氏言本末是指木末代而言．虞象曰棟撓本末弱也．向秀説．棟撓則屋壞．主弱則國荒所以撓由於初上兩陰爻此初爲美始末是危終．始終皆弱所以棟橈見李氏的説亦虞至主弱則國荒句．更覺硬湊．且无理可解．程頤説．大過陽過於中．而上下弱

矣。故為棟橈之象。棟取其勝重。四陽聚於中可謂重矣。……橈取其本末

弱。中強而本末弱是以橈也程說亦膚譬如築室下基不實即本末弱上

棟失度。即末弱。如是不能載重則有傾反之患。故曰棟橈本末弱也。

既曰棟橈。又曰利有攸往亨。兩相予盾。其實卦辭乃言處之理能知棟

橈之危險。毀其舊者。重建新築故利有攸往亨。兩卦聯繫互歸妹。

妹互既濟。既濟四爻變為革。不革則不能利有攸往亨乃言爻變。

頤

上九	復
六五	益
六四	噬嗑
六三	賁
六二	損
初九	剝

大過

上六	姤
九五	恒
九四	井
九三	困
九二	咸
初六	夬

游魂係變體與乾坤相類

頤剝復序
損益序
賁噬嗑序

大過夬姤序
恒井序
咸恒序

困咸序
困井序
賁困序
剝夬序

復姤序
益恒序
噬嗑井序

頤大過兩卦橫圖序的對比

此游魂係變體。與上乾坤泰否隨蠱六卦相類。下坎離漸歸妹中孚小過

既濟未濟八卦同。故夬剝噬嗑井為五世卦。損咸益恒為三世卦賁困復

剝為一世卦。故此十六卦有上下兩卦連續和聯繫之關鍵因頤與大過

為承上起下之卦。上能承乾坤泰否隨蠱六卦。下能起坎離漸歸妹中孚

小過既濟未濟八卦。合本卦頤大過為十六卦。

30 離 ䷝
29 坎 ䷜ 世上

兩卦獨立。不相連續。其聯繫坎 ䷜ 離為既濟 ䷾。既濟互未濟 ䷿。

相錯
離 ䷝ 世上
坎 ䷜ 世上

後人以為上經始乾坤終坎離者。下經始咸恒終

既濟未濟者。據此。在漢書藝文志僅云易經十

二篇。无上下經之目上下經之說。始見於顏師

古注。孔穎達正義引子夏傳云。雖分上下二篇。

未有經字。是經字後人所增无疑義此坎卦作

102

習坎。象曰。習坎。重險也。以重訓習係正義後人訓習為常。虞為積。說亦虞訓水流行不

盈。故曰習。語。劉表皆未晰。孔穎達正義謂諧卦之名皆於卦上下不加其字此坎卦

之名。特加習者。以坎為險難故。特加習名。習有二義。一者習重也謂上下俱坎。

是重疊有險。險之重疊。乃成險之用此。二者〔二字據劉氏嘉業堂本〕人之行險。先須便習

其事。乃可得通。故云習也。正義所舉二義。一者習重也。乃是正義。二者蛇足。

坎象云。水游至習坎釋文劉表游仍也。集解陸績游。再習重也仍再重義同。

凡八純之卦。除乾坤外。坎曰習坎。猶言重坎。習字加於坎上。毫无弘義杭辛齋

易楔云。〔卷二第四卦〕按八純重卦皆不易卦名。獨坎曰習坎先儒論議紛如各有所見。

偏以理想者多。(下畧)杭氏對唐宋以後各家釋習字批評頗富。而下文云聖人

立教首重時習以解之。亦肌斷無據。不如以重釋習為兌。又離亦為重卦兌離麗也。

象以兩字繼字申其義麗。古文作兩〔說文麗兩耦也〕兩繼三字義亦同重字如震之

象曰。游雷震。艮之象兼山艮。巽之象曰重巽以申命。兌之象曰麗澤兌以彼倒此。

是習字之義自明。惟坎卦象云王公設險以守其國句先于易解云王公二字疑

行或以為錯離言或以為九五王也六三三公也。〔易傳語〕與卦理亦悖恐漢人所偽造。

先子之說是。求之卦象。實无三公。

從來治易者。對於坎離。肌斷而不求是。千篇一例。不獨在習字如是。而對於兩

卦之入用。犬用見繫辭。皆未能挈領。如惠棟周易述。對於兩卦摭拾京房荀爽鄭玄

虞翻陸績諸說外。益之周官官禮記。中庸。詩箋。箋。鹿鳴。左傳孝經弟子職諸說

以解之用力頗勤。惜於卦位卦象及爻位爻象。未能致力。使讀者未能領

會坎離兩卦言水火之用坎卦六爻。初六言洪水為災九二言治水當根本

著手六三言治水而水仍汎濫。六四言釀造酒烹飪非水不可。九五言治水有

計劃。上六言治盜。說卦傳。坎為盜。盜之禍與洪水同離言火禁。初九言警戒火。

此敬譬。六二黃離諸家注釋皆不當是言日照土上

之土色言。此言黃土。周在歧豐屬黃土之區。九三日反之離。離為日黃為土說文黃地之色也與說卦爻一般

域釋名釋采帛黃見也。葡晃晃爻日光色也。爻言文秦人鼓之以節歌史記藺相如傳如使秦王鼓缶秦本

進取之心口。知長吁短歎。周地周時民間歌舞亦用岳可知爻文日反之離西方時側也在爻文喻年老人无

之嗟凶直釋其文如下。夕陽西沉。正是羣眾鼓岳歌舞的佳節。不去離孟喜曰離西方之卦離之離不鼓缶而歌則大耋

參加反而憂歎自己老了。這是離羣索居的象徵所以是凶非。乃是凶兆。惠棟周易述。刪去

凶字失其義九四如字。形容火勢之盛。九四與初九相應。初九言敬言慎之於

始。故能无咎。九四因不敬釀成巨災因中爻互兌。兌為毀析。故小象无所容也。

案孟喜作古京房作京不萃也說文古音部引易突如其來如以去解突細繹許解

不以突作去以突解古字爾蓋離以周室秋尚學觀紀引鄰玄說以申明之去離卦之

爻象更遠不必從六五出涕字說卦傳離為目筆上六齎咨涕洟虞翻注自目曰涕

洟泗是以離立象至咸字治易者皆以京以憂釋之與象不合釋名兵咸戚也戍以

字通是以離立象至咸字治易者斬斷見者皆感懼也因六五變乾乾為金故為咸說文咸戌也戍以釋名解

之乃得此爻之象上六王用出征說卦傳離為甲冑為戈兵上六震動也出征之

象因坎離兩卦自來釋易者咸失其義故不厭繁瑣言之

坎之象曰險之時用大矣哉此用字胡朒周易函書特別揭出云坎離乾坤之中

爻變坎含胎之坤離既虛之乾故坎獨言時用離不言用凡象辭中某卦之時用大

矣其互與錯綜必成既濟未濟言盡水火之大用今卦之象辭有時用大矣惟

三睽與震兩卦睽震相綜而中爻之互皆成既濟未濟與坎卦同是明證

頤大過受之以坎離者頤三四兩爻之變即為離大過三四兩爻之

變為坎此為受之以之例其卦辭

習坎有孚維心亨行有尚

離。利貞。亨。畜牝牛吉。

心亨。說卦傳坎為心疾為亟心之心亨屬離。在上下兩卦聯繫之既濟。行有尚虞翻曰行謂二尚謂五也。二體震為行。坎二爻至四爻為震震為足行之象。動得正應五。故行有尚往有功也。虞氏說迂中爻互震為行是。尚為上之假借。孔安國尚書序。以其上古之書。謂之尚書。此言上者即外卦。言外卦又是坎。指中爻互震之上有坎卦。故曰行有尚。

離。利貞。亨。利中爻互兌故利。兩卦聯繫得既濟未濟。內有坎故貞。亨。亨為本卦內外皆離象。又坎中爻互頤。離中爻互大過。不獨與坎離相聯繫而坎離能受之以咸恒者皆藉頤與大過乃言爻變。

坎

初六	䷜	節
九二	䷜	比
六三	䷜	井
六四	䷜	困
九五	䷜	師

離

初九	䷝	旅
六二	䷝	大有
九三	䷝	噬嗑
九四	䷝	賁
六五	䷝	同人

坎爻變用周易序

節渙序
比師序
井困序

離爻變用周易序

旅豐序
大有同人序
噬嗑賁序

坎離爻變用周易序。如上乾坤爻變同推。

同為四正之卦

坎離兩卦在橫圖序的對比

節☳序
比大有序
井噬嗑序
困賁序
師同人序
渙豐序

虞翻之變之說。以二五之變立說。而不主中爻立說。

繫辭元二五之變說。興楗三爻之說相矛盾。惟

二五之變。是孟喜家法。如以中爻互立說。離終互成乾。坎終互成坤。由此可知乾坤

至坎離三十卦。一氣貫通至二五之變。坎二爻五爻變成坤。離二爻五爻變成乾。

殆以二五兩爻為人道然與繫辭之一索二索三索之理則有違。

32 恒☳☴ 震

31 咸☱☶ 兌

32 恒☳☴ 震　兩卦連續頤☳☶頤中爻互坤☷☷　相錯　損☶☱艮

　　　　　　　　　　　　　　　　　　　　　　　　益☴☳巽

上下兩卦連續咸☱☶恒☳☴恒
頤　大過

咸恒兩卦為難解之一式。一昧於坎離在中之理。凡兌震巽艮四陽之中。皆由坎離分

界正面是坎則背面是離。二因妄以上下經分卷。以為咸恒為特殊之卦脫離受之

以之規律。三因作序卦傳者。強以父子君臣
上下禮義。以配夫婦封建思想充塞滿
紙。韓康伯注此已斥其非易之緼緼。即
歐陽修又深譏之。見易童子問清代治易者
張惠言周易虞氏。江藩序卦傳述補李林松易周
述補皆有說。張惠言引虞氏說。以咸爻
與六爻互易咸否。恒初爻與四爻互易咸

泰。虞説不易。而張惠言云。上經明乾坤。下經明泰否。其説亦不能成立。江藩
申虞義亦无卓見李林松亦申虞義。以人道三綱六紀立説義頗陳腐總之
虞説已謂後人欲申其説。反受其累因咸恒為四隅之卦。若不用四正之位即
不能會通如果把乾坤兩卦。與坎離兩卦會通乃能明其理咸中爻互坎姤一乾
恒中爻互坤。上下兩卦連續為大過頤。大過與頤生於乾坤。
恒中爻互坤。夬五。坤姤夬皆互乾。是咸恒得乾坤之道兩卦連續為頤。
顧中爻互坤。上下兩卦連續為大過頤。大過與頤生於乾坤。
坎離受之以咸恒者實由坎離連續之既濟未濟而來因咸恒與既濟坎未濟

世同為三世卦。咸初爻與四爻互易為既濟。恆三爻與上爻互易為未濟。此

三世卦受之以之變例。咸恆之卦辭。

咸亨利貞取女吉。

恆亨无咎利貞利有攸往。

兩卦皆舉亨

離貞坎。然爻无坎離。有以為此坎此離由坎離受之以既濟未濟而來。

然細細研究尚覺非是因坎離受之以咸恆之後坎離之卦理演變已告一段落

不能再用坎離則此坎此離乃由四正卦坎離之斡旋乾坤兩卦在乾兌巽之間

為☱☴大過。大過中爻互乾。在坤艮震之間為☶☳頤。頤中爻互坤離坎兩卦在

離震兌之間為☳☱歸妹。歸妹中爻互☵☶☲既濟巽艮之間☲☵漸漸中爻互

未濟而亨貞在既濟未濟之中因咸恆與既濟未濟皆為三世卦用艮震兌互

亦可因兌震為☴☳隨。隨中爻亦互☳☴漸。用艮巽為☶☴蠱。蠱中爻亦互☳☴

歸妹繫辭所謂天下同歸而殊塗細參咸恆兩卦變化之理乃得與常至利在咸卦即

外卦之兌是。在恆卦用本卦中爻互共☴☳。因由中爻而來。不在本卦故卦辭重申

利字曰利有攸往使其德在可恆而已舊說以此兩卦言昏姻其說尚未辨咸卦言戀

三易新論

愛。少男少女。二氣感應以相與。周禮司徒媒氏中春之月。令會男女於是時也。奔

者不禁。故咸卦內卦艮。艮在洛書方位。艮中有寅。寅為孟春之月。下即仲春。故

六爻言感皆近取諸身立說。非徒感而已。无度則亂。故卦辭以取女吉。娶通取。取之

卦名象及序卦傳雜卦傳皆以久釋之義尚未盡說文恒常也。從心從舟在二之

間。上下一心以舟施。恒也。論語為政篇施於有政事解引包注行也得此卦之旨。故昏姻之後。不能同心焉能久

於其道。則不恒之六爻初六九二夫妻之間已有相違之象。九三九四。更形化離之狀至

六五爻辭及象已形成男貴女賤。此像曲說不可從漢人法釋惟虞翻說猶存以乾

乾在中為一是也。至釋夫子制義一句。虞說至迂故不引。不知此義字由中爻之兌而

來。兌為金屬義。制有斷義。祈義之義。論語顏淵篇。片言可以折獄者。折魯論作制。

言夫子自能以械制於義。獨斷獨行。即今之所謂主觀者是。有違義訓。與乾文

言利者義之和也。又曰利物足以和義之旨。全悖要之和義之說。以和為貴此爻象

云實係誤解。全為夫為妻綱立說。從漢人所妄造。與大過九五之爻辭不合。此

義字當從孟子盡心篇。人皆有所不為達之於其所為義也。之義。上六爻辭棄之

象乃言爻變。

侯果以此卦本坤，陰柔消弱。

乾交坤旁宮，乾艮為遯。震乾為大壯，乾陽消至二為遯，序卦傳遯者退也。雜卦遯則退也。退指陽消至二言。若以遯作逃解，作卻解，實非卦名之義。大壯、侯

侯氏此句有語病，消與消息之消易混，似當以削為允，剛大壯長，故曰大壯也。侯

上下兩卦連續遯 ䷠䷡ 大壯
頤 ䷚

兩卦連續頤 ䷚

頤中爻互坤 ䷁

相錯

臨 ䷒　二坤
觀 ䷓　四乾

34 大壯 ䷡ 四坤

33 遯 ䷠ 二乾

咸恒兩卦凡二五兩爻皆自序。損益相同。

咸

初六 ䷝ 革
六二 ䷛ 大過
九三 ䷛ 大過
九四 ䷬ 萃
九五 ䷦ 蹇? 小過
上六 ䷠ 遯

恒

初六 ䷡ 大壯
九二 ䷽ 小過
九三 ䷧ 解
九四 ䷭ 升
六五 ䷛ 大過
上六 ䷱ 鼎

上下兩卦爻變序

革鼎序
大過自序
萃升序
蹇解序
小過自序
遯大壯序

111

說先。因此兩卦遯退而大壯進。雜卦傳云。大壯則止此儒家言。遯進也。虞翻遯進也。

故大壯上六爻辭以不能進不能遂。

无攸利艱則吉釋之小象又云不能

遂為不詳。詳即勖人當日新盛德。見繫止則

畫故謂不詳。

咸恆受之以遯大壯。因三三咸上六變為

三三遯三三恆初六變為三三大壯。遯大壯○

之卦辭。

遯亨小利貞。

大壯利貞。

遯无亨象又无利貞象。如以大壯中爻互兌。兌為金屬利然亦无貞象且利

貞並提亦非當如上咸恆兩卦之例也把乾卦與坎離兩卦會通得三三訟三三

需。三三同人三三大有之離即遯卦之亨需訟之坎即大壯之貞。至

利字在需大有中爻互兌。兌即利遯小利貞因內卦為艮艮為少子故曰小遯亡義

易學經典文庫

112

解者皆以避述、遯逃、藏避、避世避逸立說。本旨盡失。因避之六爻,九三係遯,九四

好避,九五嘉避,上九肥避,皆以避為高節。而宋袁注象之時字云,太公避殷,四皓避

秦之時也。後世因之治宋易者更尚空譚。蔡氏序河上易傳引胡翱元說,以初六避尾屬。

九三之係遯有疾屬,以東漢之黨錮實之,九三為李固范滂,初六之尾為太學諸生,以

六二為陳寔,九四好避,為四皓二踈輩。九五嘉避,為堯舜之揖讓,伊尹之後政,孔孟以

之避世无悶上九肥避,為巢父許由,(節錄胡氏原文),胡氏此說,殊無深意,誰交敷衍而已,惠棟

周易述遯作邊,即遯字,避遯遁古通假,說文遯、逃也,鄭玄注,亦釋逃,遁,還也,義各有別,

賈誼過秦論遯巡不敢進,惠氏以避為遯,又改上九肥避,從淮南九師道訓作飛遯,

殊有卓見,惜不敢破六爻之謂,此墨字家法,使然,其實避卦之象,內卦為艮,艮止也,

言滯留而不進。故初六避尾屬勿用,有攸往,虞翻曰民為尾也。(艮卦民,艮為少男尾象。惠棟以爻例初

為尾,說較虞氏為勝,至屬後之解易者,根據小象釋屬為笑,乃民變離而言。爾雅釋詁屬

樂傳繹出吉凶悔吝无咎五者,而无屬及笑,今小象釋屬為笑,乃民變離而言,爾雅釋詁屬

作吺。穀梁隱五年傳云,九月為仲子之宮,初獻六羽,如僧樂矣,尸子曰舜夏作吺,注穀梁傳曰始屬樂矣,范寗集解屬作解,作

以象證之,初六變離為二二,同人離之象曰,明兩作離,鄭玄訓作為起,虞翻訓作為成,火性

炎上當從鄭說凡卜官所作爻辭有屬字者其內外卦必有艮或三爻為陽爻因艮之

正位在三爻爻屬在內外卦相接處為多乾九三屬无咎是其例故屬在艮象及艮之

正位為多爾雅釋水以衣涉水曰屬又詩邶風匏有苦葉深則屬　諭語憲問篇爾雅釋水亦出言涉

水時以手承衣曰屬亦相接之意在夬卦爭號有屬此屬兌不必兌錯艮解號說

卦傳兌為口號之象又兌為毀折毀折乃危象故曰有屬當從虞翻說釋危此言尾屬言

作事不事根本而務徵末即尾屬之意災當從復上六鄭玄注害物曰災勿用指卦之

初爻乾卦初九潛龍勿用是明證有攸往言時雖勿用當曰進无疆以求達用

之意六二執之用黃牛之革莫之勝說執內卦艮為手執之象六二為離之正位離

卦辭畜牝牛虞翻以否坤為黃牛坤卦辭牝牛之以五色言之凡二五之爻皆言黃草初九

單用黃牛之革莫莫之勝說執王弼注黃中也中為二五兩爻莫虞翻曰无此勝能

說同解也言處遯時而不以為遯方得遯之吉九三以下各爻以離象立說上九肥遯進

南九師道訓肥作飛文選卷十五思玄賦注遯而能飛吉訊大焉因上九變兌兌為附進

遯雖滯留附決而飛故无不利以飛證肥乃知像好嘉三字或為後人所改易大壯為

躍進之卦九三以上爻皆言羊因中爻互兌兌為羊羊性很史記項羽本紀宋義曰

很如羊即其證。乃言爻變。

遯
上九 ䷠ 咸
九五 旅
九四 漸
九三 否
六二 姤
初六 同人

大壯
上六 大有
六五 夬
九四 泰
九三 歸妹
九二 豐
初九 恒

上下兩卦爻變
同人大有序
姤夬序
否泰序
漸歸妹序
旅豐序
咸恒序

遯大壯之爻變當與19臨20觀兩卦合觀之。

36 明夷 ䷟
35 晉 ䷢
游坎 游乾
兩卦連續坤
相錯
訟 需
游離 游坤
上下兩卦連續晉 明夷

離交坤為晉坤交離為明夷。四正卦之游魂。與四闢卦異。如四正卦。5 ䷄需游坤 6

訟是游離但是晉與明夷兩卦由乾和坎組織而成。是陽卦。

遯大壯受之以晉明夷。由遯大壯兩卦連續 頤而來頤初四變 晉三上變

共 明夷 晉明夷之卦解。

三易新論

115

晉康侯用錫馬蕃庶畫日三接。明夷利艱貞。

晉卦孟喜晉作齊見釋文齊即躋晉也康字殊難解馬融釋安荀爽陸績虞翻皆從馬惟陸績多一義康樂也鄭玄注康尊也廣也侯果曰康美也在宋人之說亦无創見近世學者對康字有不少考澄余以為康侯乃周時王畿以內食采地者如周公封於魯王畿之內猶有周公見逸周書又有蔡公亦為周公之胤見國語上召公封於燕王畿之內亦有召公見國語徒食祿而无所事事乾之游魂也錫之以馬使其无逸以閑馬政勤者能畜蕃庶鄭玄遬遬為庶之莘乳見管子傳庶育五穀遬繁因晉為乾之游魂乾為馬畫日三接晉外卦離離為日晝象又離次序為三故曰三接說文交也接言馬接種周官司馬校人之須馬攻特牧師之中春通淫之類此言使康侯勤事不致閑散晉之爻辭上九晉其角礼頻連曰晉其角者西南隅也上九處晉之極遇明之中其猶日過於中巳在於角而猶晉

116

之。故曰晉其角此。治易者皆未明其說。堯典四仲中星。以攝提斗杓所指

以建時節見史記天官書仲夏星火角在未方。未為西南隅。仲夏屬未。夏季之末。

月令為中央土易言角者上爻也。

明夷之利內卦外卦中爻皆无兌象。則无利。因六畫之卦。凡上爻遇二者。乃為兌

之正位。正位。即虞翻所謂半象。如訟初六小有言注震象半見。小畜卦辭密雲不雨注坎象半見之類。震以初爻陽爻為正位。初六變陽得正位。小畜五爻陽爻乃坎正位惜其說未能達旨朱震焦

循談。故曰利貞中爻互坎。坎為水故貞。艱爾雅釋詁難也。虞翻以坎為艱說迂

六五箕子之明夷利貞。惠棟周易述。據漢書儒林傳。蜀人趙賓說易陰陽氣

亡箕子箕子者。萬物方荄茲也立說。推崇孟喜趙賓劉向荀爽蜀才力詆施

離班固馬融鄭港並謂馬融俗儒不識七十子傳易之大義以象傳有箕子

之文遂以箕子當五尋五為天位箕子臣也。而當君位乖於易例逆敦大焉。

謬說流傳兆於西漢等語。余一再研究知卦位卦象實无荄滋之可證焉

融說箕子德可以王故以當五馬說亦未能盡其蘊作爻辭時殷巳亡箕子在

周而不臣列在五爻亦宜且乾鑿度云上術通述。先聖考諸近世采美善以

見王事言帝乙。泰六五歸妹六五。箕子高宗。九三既濟明有法也。明夷六五作箕子。可无

疑。此為融力誅趙賓之說可无疑。

明夷象曰。內文明而外柔順。內言本心。外言表面。說當參史
記龜筮傳。乃言爻變。

晉

初六	噬嗑	
六二	未濟	
六三	旅	
六四	剝	
六五	否	
上九	豫	

明夷

初九	謙	
六二	泰	
九三	復	
六四	豐	
六五	既濟	
上九	賁	

上下兩卦爻變序

噬嗑賁序
未濟既濟序
旅豐序
剝復序
否泰序
豫謙序

細參爻變。晉為乾卦遊魂。乾三世卦否。否五爻變為晉。明夷為坎卦遊魂。坎三世卦未濟。未濟五爻變為明夷。此為晉明夷兩卦之爻變。

兩卦連續離　離互大過　大過互乾　相錯

37 家人　二 巽
38 睽　　四 艮

解　二 震
　　四 兑

上下兩卦連續家人　睽
中孚

離爻乾宮兩旁之巽兑。巽與離爻為家人。離與兑爻為睽。說卦傳。齊乎巽家人則

（圖：中孚　乾　小過　震　頤　離　坎　……）

家齊。又兌為毀折。睽則家不齊。乾鑿度。妲己擅
寵大任順季。季歷說者謂大任家人也妲己睽
此是根據繫辭易之興也其當殷之末世周之盛
德邪當文王與紂之事邪立說過狹晉與明夷
受之以家人睽實由中爻之互中爻十六卦而
濟未濟四卦可證周易六十四卦歸根結柢為乾坤既
一互再終互此十六卦歸根結柢為乾坤既
濟未濟。

未濟。推演有條不紊家人睽兩卦連續晉明夷者晉中爻互䷧解。四、明夷
中爻互䷧解。二、震即為家人睽錯解賽之用賽中爻互未濟。未濟中爻互既
濟。解中爻互既濟。既濟中爻又互未濟。故家人由既濟而來家人受之以
濟。解中爻互既濟。睽由未濟而來。睽受之以之規則。初六變即是未濟晉明夷受
上九變即是既濟睽由未濟而來。睽受之以之規則。初六變即是未濟晉明夷受
之以家人睽者乃在中爻。家人睽之卦辭。

家人利女貞。
睽小事吉。

119

利女貞。惟馬融虞翻兩說猶存，皆據象女正位乎內立論。馬說家人以女為

奧主長女。巽四陰爻得正位，在

矣。虞說女為離巽二。離內卦離離位在二陰得中女

離二爻與四爻得正。故曰利女貞也。虞承馬說脫去坤為母

貞其正在家內而已。王注更膚。皆由未明續字之義。既濟象曰不續終必諸

家對續字皆泛泛讀過不加研究。致利貞之義在若明若昧之中若以上下

兩卦連續中求之。離中有兌。兌為利家人中爻互坎。坎為貞。邢璹周易畧

例序云是以孔子三絕未嘗樞奧劉安九師尚迷宗旨。今此書上下兩卦相續皆

有公式可憑。惟家人之象。疑後儒所偽因主張三綱之說。在殷周之際尚未有此

論語顏淵篇。君君臣臣父父子子與象文相類。

睽卦解小事吉言睽之外卦離離為中女中爻互坎。坎為中男中女中男情誼

相投。而兌居內卦。兌為少女。故曰小而中爻互離離間少女。使中爻所互之坎

陽之。故曰小事吉在爻辭上九後脫之弧。釋文本亦作壺京馬鄭王肅翟子玄亦

作壺枕辛齋以釋文本亦作壺易說一錄。見愚說訂。不知所據且此爻弧塗車弧壺兩韻叶。

作壺則不叶。在匪寇婚媾。以弧矢行掠奪。既成婚媾。以壺飧會女家。遇雨則吉句釋易者皆未諦。虞翻以坎為雨。在掠奪婚媾時為什麼遇雨則吉。這一句人們非常懷疑。在掠奪時女家出有人抵抗。男家劫后饗抵抗的人則彼此和解。雨當為泰字。況大泰屬而黏猶也。从禾雨有聲孔子曰泰亦可為酒禾入水也呂氏春秋權勳篇豎陽穀操泰酒而進之。為酒器疑非作泰亦叶。乃言爻變。

高誘注以泰為酒器…

家人

初九	漸
六二	小畜
九三	益
六四	同人
九五	賁
上九	既濟

睽

初九	未濟
九二	噬嗑
六三	大有
九四	損
六五	履
上九	歸妹

上下兩卦爻變序
漸歸妹序
小畜履序
益損序
同人大有序
賁噬嗑序
既濟未濟序

爻變家人初九為漸。睽上九為歸妹。漸與歸妹。皆言昏媾。

三易新論

121

兩卦連續頤 ䷚䷚䷚䷚䷚䷚　頤中爻互坤 ䷗　相錯　睽 ䷥ 四艮
　　　　　　　　　　　　　　　　　　　　　　　家人 ䷤ 二巽

上下兩卦連續蹇 ䷦䷦䷦䷦䷦䷦䷦
頤 坎 解

蹇解與睽家人相錯。盡水坎火離之用。坎爻坤

宮兩旁艮震。坎交艮為蹇序卦傳蹇難也。

雜卦傳蹇難也。震交坎為解。序卦傳解者緩也。

雜卦傳解緩也。蹇解兩卦皆言治水蹇則山上

有水流止不定。易於氾濫當疏定之使有歸蓄。

則不蹇。故陸續云水在山上失流通之性。故曰

蹇陸說允。水性失常管子水地篇。凝蹇而為人。而九歠五蹇出為注蹇傳也。

楚辭哀郢思蹇產而不釋。注蹇產詰屈也。上林賦蹇產溝注詰曲也曰停曰詰

屈曰詰曲皆有難意。又楚辭以蹇為發語之詞當分別讀之字義作蹇至解即

慚言雷雨作時。江河水溢氾濫大地害及百果草木。百果草木解蘇解不。人民防禦之使水不

至為災。故以不解助之此騫解兩卦命名之意。

家人睽受之以騫解者家人初上變為䷿騫、睽初上變又為䷧解。凡卦中

爻互坎離者八家人與睽民騫兌解震、漸艮、歸妹兌、既濟坎、未濟離。知二陰

二陽有四為家人睽騫解四卦三陰三陽有四為漸歸妹既濟未濟四卦凡中爻

互坎離者皆言水火之功用故繫辭云若夫雜物撰德辯是與非則非中爻不備

以家人睽受之以騫解。其例益明家人睽二陰二陽之卦騫解二陰二陽之卦何以家人睽

受之以騫解。即用中爻之理此四卦家人睽之中爻

為既濟騫之中爻為未濟解之中爻為既濟騫解由家人睽未濟既濟而來

可證。或問屯世、蒙世、離四、荀爽注蒙象云此本艮卦也案二進居三三降居二則

柔得中。故能通發蒙時令得時中爻屯蒙兩卦也是二世與四世與家人睽

騫解相同。而荀爽不主中爻立說。是何故答曰荀爽之易虞翻譏之。見吳嘉翻翻

別翻奏曰……至孝靈之際潁川荀諝爽又號為知易臣得其注有愈俗儒

至所說西南得朋東北喪朋顛倒反逆了不可知此本艮卦也一句益覽

顛倒反逆了不可知蒙離四世卦並非艮卦荀氏誤以外卦艮為本卦離

123

初爻消為䷷旅。二爻息為䷱鼎。三爻消為䷿未濟。四爻消為蒙為

離四世。荀氏未諳消息之例。改消息為乾升坤降。已屬不經而又創陽在二

者二爻。陽爻在當上升坤五為君。陰在五者。陰爻在當降居乾二為原。荀氏主張

三綱之說。而云臣升為君。君降為臣因當時治費氏易者。皆各樹一幟所致屯

混故與坎離二宮之卦異。又乾坤兩宮之卦。如臨二坤觀乾四遯二乾大壯四正

二蒙四離坎鼎四坎離之卦位。家人二巽睽艮二蹇兌四解二震四隅之卦位兩者不能相

之位不與屯蒙草鼎同一演法因中爻不同之故說已詳屯蒙兩卦中。

不贊或又曰屯蒙草鼎四卦能否與家人睽蹇解相通答曰可以錯綜之變

倒求之。如屯蒙以左右上下分讀之。

蒙[䷃]
[䷂]屯

可得蹇解兩卦。

草鼎可得睽家人兩卦此為變例茲言蹇解之卦辭。

草[䷰]→睽[䷥]家人[䷤]
鼎[䷱]

蹇。利西南。不利東北。利見大人貞吉。

解利西南。无所往其來復吉有攸往夙吉。

蹇卦三利字解卦一利字卦无兑。何以言利因蹇為兑宮四世卦。據本宮之卦而出

利字。至利見大人。以五爻陽爻為大人。乾鑿度曰大人者。聖明德備也。上云兌四爻消

為蹇消息至四爻而止五爻仍屬兌位而不動因其不變且得乾之正位故以大人

名之與乾卦二五兩爻之變之大人有異兌四爻變坎中爻互離離為日故曰見貞因

蹇外卦坎而言卦解蹇利西南。不利東北。虞翻釋蹇坤西南卦艮東北之卦。又釋解

臨初之四坤西南卦初之四得坤眾。故利西南往得眾也。苟爽亦以蹇西南謂坤

東北艮也。又以解乾動之坤而得眾西南眾之象也。王弼釋蹇西南地也。坤

東北山也。艮以難蹇之平地。則難解以難蹇之山艮則道窮。又釋解西南眾也。

說卦傳。解難傳。說卦傳濟險。坎象習坎。利施於眾也。亦不困解。與困内卦皆坎。于東北。故不

坤為眾。艮為山立說。漢魏人釋此兩卦以坤

言不利東北也。三說皆以坤為地。為眾。艮為山立說。

居西南。艮居東北。釋之。而兩卦卦畫中。无坤有艮。蹇内卦艮坤在何處。在兩卦連

續之頤。頤中爻互坤。

繫辭云河出圖洛出書聖人則之。說卦傳。又出萬物出乎震一章。亦以西南言

坤。是以坤象大地。並非大地盡在西南。利西南者。洪水氾濫時。水難地中行。不

能入海。以人工奠定之。以盡地利。不利東北者。東北是艮。艮為山。言洪水為山

所沮。不能入海。以致氾濫。故曰不利。並非山
區盡在東北。是以象明卦。非實言形勢
之所在。又申解卦辭。无所往之義。解外卦
震。震為足。往之象。解為震二世之卦消息
至二爻已止外卦之震。在三爻以外故曰无
所往。言在解時。人們束手无策不思防
衡。是无所往之本旨其來復即復
卦辭七日來復之來復因窒解兩卦連續
為坤。坤初爻息為復。有攸往。先言无所往。繼
言有攸往。先言无所往。風說文旱敬也从瓦持

言有攸往。爾雅釋言。攸所也。是有攸往。即有所往也。風
事雖夕不休。早敬者也。言解時當有持事不懈之旨乃言爻變。

塞
初六 ䷾ 既濟
六二 ䷯ 井
九三 ䷇ 比

解
初六 ䷵ 歸妹
九二 ䷏ 豫
六三 ䷟ 恒

上下兩卦爻變序
既濟未濟序
井困序
比師序
咸恆序

易學經典文庫

咸　　　　九四　　　師

謙　　　　六五　　　困

漸　　　　上六　　　未濟

漸豫序

謙歸妹序

兩卦連續之爻變當與37家人38暌合觀之此四卦相連茲舉四卦之爻變如下。

一、家人巽二世卦　暌民四世卦　解震二世卦　其相錯家人暌為解蹇取同一世位蹇解

為暌家人亦取同一世位其相錯與周易之序互相顛倒困世位不同之故。

二、家人初九漸與暌上九歸妹序蹇上六漸與解初六歸妹序因世位

不同而異家人上九既濟與暌初九未濟序蹇初六既濟與解上六未濟序

亦因世位不同而異實則相同不過易位而已。

三、家人六二小畜巽一世卦與暌六五履民五世卦蹇六二井震五世卦與解六五困一兌

卦世序家人九五賁民一世卦與暌九二噬嗑世卦五蹇九五謙兌五世卦與解九二

豫震一卦序周易之序以上下兩卦由世位成六而來。

四、家人九三益巽三世卦與暌九四損民三世卦蹇六四咸兌三世卦與解六三恒震三世卦。

此四隅之三世卦與乾坤坎離四正之三世卦異。

三易新論

五、家人六四同人。離·歸·魂·與睽六三大有·魂乾歸序·蹇九三比。坤歸與解九四師

次歸序。

42 益 ䷩ ䷏ 三巽
41 損 ䷨ ䷭ 三艮

兩卦連續為大過 ䷛　大過中爻互乾 ䷀

相錯
咸 ䷞　恒 ䷟
三震　三兑

上下兩卦連續損益 ䷚頤　䷤益

損益為四隅交互之卦。兑艮交為損。震巽交為益。損中爻互 ䷖剝。剝復又互坤。益中爻互 ䷗復。坤益中爻互 ䷗復。

姤夬之互乾同為四隅之卦因為三世之卦因。

咸中爻互乾同。剝復又互坤與咸恒兩卦比較之。恒中爻互 ䷪夬。五坤。

中爻互體有不同而卦理亦異。如損內外卦

位倒易之為 ䷞咸。咸則言少男少女之情感。損則言國與國之相處。益則言物與物之施

內外卦位倒易之為 ䷟恒。恒則言長男長女之始終。益

128

出參伍錯綜，能一一通變其數之極，方能得易之真蘊。

寒解受之以損益者，由寒解兩卦連續之頤而來，損二爻變☲☳頤，益 五爻變

亦為☲☳頤，茲聞述損益之卦辭。

損有孚元吉无咎可貞利有攸往曷之用二簋可用亨。

益利有攸往利涉大川。

損有孚 此有孚與易有太極之有孚義同。損卦中有孚，此孚字如何產生因
損卦三爻至五爻係坤，此坤由中爻互而來，係假象坤在中爻之互，不在內
卦外卦故用有孚，有說文不空有，此不空有者申其義猶言卦中无坤即无
孚而坤在中爻互之中，以家孚乃是不空，元仁此為木中爻互有震，震為元貞大
過包體坎。林栗包體火陰陽而不能包論，得貞可者未足之辭也。論語子路篇期月而可貞之意如此，皇侃疏語可也。
利有攸往 利指損內卦兌而言曷王弼注辭此集解，見李氏。何以後之說易者多宗
之實未諦近人改曷為饎義亦難通余以為曷當曷之者爾雅釋詁曷告也。
釋言曷請此左傳隱十一年鄭莊公入許曰唯我鄭國之有請曷焉杜注曷告，
此又昭四年使豎牛請曰入布曷見也說文曷白也曷為賓禮損內卦兌。

兌象曰、說、說卦傳同象。序卦傳兌者說也。雜卦傳兌見。義與賓合作謁

字義始通。二籩者兌居二。故曰二籩。說文秦稷方器也。字从竹以竹為之。損

中爻互震說卦傳震為蒼筤竹。九家易曰蒼筤青也。震在東方色屬青鄭云

以巽為木離為日木器而圜為籩鄭說不可從。二籩雖非薄用於賓禮以誠為貴。

享亭說文一字說禮者多以饗為之。

益之利取兩卦連續之䷼大過外卦之兌。若取林栗包體之說。則為坎。林說本

諸元祐八年（一○九三年）高麗進書京氏周易占。今本作京氏易傳。乾卦曰，

包四象大過卦曰去本末陸績頤卦注上下陽位字誤。頤卦畫為坤。包陰。林氏承

之宋衷小過卦辭注云二陽在內上下各陰。小過䷽宋氏所謂二陽爻位在內。但像四爻并兩爻為一爻故云。有似飛鳥舒翮

之象。故曰飛鳥。亦言包體。不過林栗以包四象為例行為六十四卦畫可用包體則

失諸鑿。淳熙十二年四月。（一一八五年）進周易經傳集解。包體之說已刪。明人

楊時喬周易古今文全書附傳弦載包體圖實无足觀。余圖林栗之說研究九之所

說包體者可得八卦。益之頤大過兩卦得十卦。

1. ䷼乾以兩爻為一爻。得䷀乾。初二作一爻讀三四作一爻讀五上作一爻讀餘類推。

2. 坤。以兩爻為一爻。得☷坤。

3. 臨。以兩爻為一爻。得☳震。

4. 觀。以兩爻為一爻。得☶艮。

5. 遯。以兩爻為一爻。得☴巽。

6. 大壯。以兩爻為一爻。得☱兌。

7. 中孚。以兩爻為一爻。得☲離。

8. 小過。以兩爻為一爻。得☵坎。

以上八卦包體之排法相同至頤與大過乃另一排法。

9. 頤。以上下兩陽爻各為一爻二至五係陰爻為一爻。得☲離。

10. 大過。以上下兩陰爻各為一爻二至五係陽爻一爻。得☵坎。

林栗包體之說與朱熹互相攻訐為南宋一段公案其實包體僅十卦而已。如益之利涉大川當用包體解大川因益卦畫无坎此云利涉大川者當據連續之大過包體而得坎。故曰大川乃言爻變。

「初九☳☴☶蒙」　　　「初九☳☴☶觀」　上下兩卦爻變序

凡乾變遇乾坤坎離頤大過中孚小過八個卦皆自序。此損益兩卦頤中孚皆自序。31咸32恒亦三世卦。必大過小過自序。

損
上九　臨
六五　中孚
六四　睽
六三　大畜
九二　頤

益
上九　屯
九五　頤
六四　无妄
六三　家人
六二　中孚

蒙屯序
頤屯序
大畜无妄序
睽家人序
中孚自序
臨觀序

44　遘
43　夬
一乾五坤

兩卦連續乾

相錯
復　剝
一坤五乾

上下兩卦連續共
乾　大過　姤

乾之旁宮兑巽與乾交。兑與乾交為夬說卦傳。兑為附決。孔穎達正義秋物成熟稿桿之屬則附決累穀之屬則附決。先子周易易解云。附着物附於地也秋物之直者故毀折物之垂者故附決。夬之命名由此。雜卦傳夬決也釋名釋言語。夬決也有所破壞決裂之於終始也解夬義諦。故器破為缺水不循道曰決皆共決此。

夬之象孚乳。乾坤鑿度設人文夬。是據繫辭上古
結繩而治後世聖人易之以書契蓋取諸夬立
說。姤字本作遘避宋趙構諱改鄭玄作遘可證
遘象序卦傳雜卦傳皆曰遇凶詩鄭風野有蔓
草遘遘遇相遇釋文本作逅逅為遘俗字今易
作姤姤亦媾俗字。

損益受之以夬姤者即由損益兩卦連續之

大過而來。大過初爻變為夬。大過上爻變為姤。大過中爻互為乾乾上爻變爻為夬。
乾初爻變為姤。以變則通之理明之乃能合易則變之道茲述夬遘之卦辭
夬揚于王庭孚號有厲告自邑不利即戎利有攸往。
遘女壯勿用取女。

此兩卦漢魏釋者皆无例可舉虞翻以夬與剝旁通乾為揚剝艮為庭故揚
于王庭。虞氏以乾為揚。揚是形容辭不必以象言之。且虞氏所舉逸象孚號有厲。
告自邑不利即戎虞翻震為告六爻无震此虞氏譌說其實夬上卦兑兑為口告之

象。虞氏又云坤為自邑坤在錯卦之剝復。自字示必以象證之。因來自錯卦。

故曰自。不利即戎利為外卦兌。而夬為坤宮之卦。不屬乾官故曰不利戎指

乾兌乾兌屬金戎之象。利有攸往者利亦指外卦兌。象以剛長也釋

之在☷☷復卦。七日來復利有攸往。而象以利有攸往。剛長也釋之剛陽也。

長即消息之息象以消息為消長。剛長在☷☷復卦即坤卦陰息於初爻故曰

剛長剛長者即陰息。陰息為陽。陽為剛故曰剛長在夬卦增乃終兩字因坤卦初爻

息為☷☷復二爻息為☷☷臨三爻息為☷☷泰四爻息為☷☷大壯五爻息為

☷☷夬。今夬為坤宮五世卦。故曰剛長乃終其理如是。

遘。女壯內卦巽為長女。故曰壯勿用。巽說卦傳為進退。為不果。勿用此與乾

初九潛龍勿用之勿用同意。遘。柔遇剛也序卦傳遘者遇也。

雜卦傳遘與象同。鄭玄注曰女壯如是。壯健以淫。故不可娶。取娶婦人以婉娩為其

德也。又曰一陰承五陽。一女當五男。苟為相遇耳。非禮之正。故謂之遘。又象勿

用取女不可。王肅注曰女不可取。以其不正也。不可與長久也。鄭王兩注勿

實背卦辭及象辭。王肅以長作長久解。殊違言男女雖相遇。對於婚娶尚心存

猶豫。困內卦巽進退不果之象。與長之與。與當訓從。國語齊語桓公知天下諸侯多與己也解與從也。不可與長言乾初爻消為遘乃是消不是息。故以不可從長出之乃言爻變文。

夬
- 初九 —○ 大過
- 九二 —○ 革
- 九三 —○ 兌
- 九四 —○ 需
- 九五 — 大壯
- 上六 ⚋ 乾

遘
- 初六 ⚋ 乾
- 九二 — 遯
- 九三 — 訟
- 九四 — 巽
- 九五 — 鼎
- 上九 — 大過

上下兩卦爻變序
大過自序
革鼎序
兌巽序
需訟序
大壯遯序
乾自序

夬遘爻變興23剝24復互參。

45 萃 ䷬ 兌
46 升 ䷭ 震

兩卦連續坤　相錯
无妄　巽
大畜　艮

上下兩卦連續萃升

乾宮兩旁兌巽與坤交兌交坤為萃。坤交巽為升。萃中爻互漸。艮。漸中爻又互未濟。離。升中爻互歸妹。兌。歸妹中爻又互既濟。坎。乾坤

鑿度回聚民以萃與序卦傳。萃者聚也。同說卦傳。萃聚而升不來也。不當贖正。

135

萃升兩卦。與19臨20觀組織相似。而其用則不同。因臨觀屬四正之卦。萃升屬

四隅之卦。其別如此。古時祭天祭地祀先。以之聚民。故萃之卦辭。雖未言祭祀。而六爻

大牲吉明明言祭祀。而萃之六爻皆言无咎。方之卦辭。王假有廟用

皆言祭祀儀禮觀禮祭山丘陵。升祭川沈升為祭儀之一。小爾雅廣言登升也。

升可假借為登。古天子崩曰升遐列子黃帝篇則作登遐。是其證升卦似言

舊君役新君即位之象。故受之以用錯。夬溝受之以萃升者在乾坤錯。即萃

內卦之坤錯矢內卦之乾。升外卦之坤錯遘外卦之乾。乃言萃升之卦辭。

升。元亨用見大人勿恤南征吉。

萃、亨。王假有廟。利見大人。亨利貞二字疑衍王用大牲吉利有攸往

萃卦亨字亨屬火由中爻之未濟而言王指萃卦五爻得位而言下文大人

亦同。見乾之九五。爻利見大人。亨前已言之利貞。兩字王弼本象无此兩字當從之用大牲坤

為牛。牛為大牲大牲坤祭品利有攸往言祭時民眾從之故亨惟初六一爻有

孚不終乃亂乃萃若號一握為笑勿恤往无咎此爻的文字太覺深奧今譯其

文萃初六祭禮集會的時候族人心懷嫌疑弼注一時秩序大亂發出一種憤

怨叫聲主祭者開誠布公。在那時，前嫌盡釋，握手言歡。不要憂慮，可以前進，沒有壞的現象。

升之元在中爻互歸妹之震。震木元升之亨。在中爻互歸妹之離。離火亨又為見之象。南征坤為南方，故曰南征，此為舊君死新君即位之象。在六爻中為九三升虛邑義難明解荀爽說坤稱邑。五虛无君。荀氏以五陽父為君位，利二上居之，知无變。荀氏不仍以二居。故曰升虛邑。无所疑也。荀氏之說仍以二五易位立說尚非蘊義九三變震。五立說。故曰升虛邑无所疑也。荀氏之說仍以二五易位立說尚非蘊義九三變震。

震為長子。震卦的象辭說出可以守宗廟社稷以為祭主也。古代宗族社會以祭祀為重大之事，父死以後，代父主祭的兒子就是傳統的主人舊君升遐君位已虛叫作虛邑新君繼立所以小象无所疑也四字解之恤說文憂也南征程頤朱熹皆以前進解之說膚又曰征進也南征者進於南也未諦南即論語雍此篇雍也可使南面衛靈公篇恭己正南面而已矣之南征正之假借孟子盡心篇征之為言正也。是明證乃言爻變

［初六 二二二✕ 隨
六二 二二二✕ 困］

隨蠱序

［初六 二二二✕ 泰
九二 二二二二 謙］

上下兩卦爻變序

萃
六三 ䷠ 咸
九四 ䷇ 比
九五 ䷏ 豫
上六 ䷋ 否

升
九三 ䷆ 師
六四 ䷟ 恒
六五 ䷯ 井
上六 ䷑ 蠱

困井序
咸恒序
比師序
豫謙序
否泰序

萃井爻變與25无妄26大畜互參。

两卦連續坎
坎中爻互頤
頤中爻互坤

47 困
48 井
震五 兌一

相錯
噬嗑 五巽 一艮
貢

上下兩卦連續困
大過
井
坎

此兩卦言坎卦之大用。坎是言水之功用。所謂困者言水源乾潤不能從事於農業。民食維艱。井者言方里而井。鑿井以便民飲食灌溉有所需井內田畝天旱時可以无慮此井卦之作用。故其錯卦為貢。貢之卦辭。小利有攸往困中爻互☲☵未濟故困用水有困井中爻互☲☵暌暌中

交互☲☵家人家人中爻互☲☵未濟
交互☲☵既濟去暌之異而通既濟之同。

138

萃升受以困井者。在二五兩爻之之變。𦊆卅二

困亨爲困井五爻變爲井乃言困井之卦辭。

困亨貞大人吉无咎有言不信。

井改邑不改井无喪无得往來井井汔

至亦未繘井羸其瓶凶

困亨指中爻互離言貞指內卦坎言大人指五

爻爲陽爻得位言有言之言指兌言有言不信劉

向說苑雜言說孔子遭難陳蔡之境遭難一節引此全以人生處境之困立說。

結語云聖人所與人難言信也則信當作伸解。與繫辭尺蠖之屈以求信此義

同。象以有言不信尚口乃窮釋之釋名釋言語信伸也言以相申束使不相違

此其義相同惟困之本旨實言水源缺乏。故大象以澤无水釋之而漢魏諸家。

自孟喜至王弼皆以處境窮厄立說。實未能探源。

井之卦辭鄭玄釋之曰井法也又曰坎水也井外卦坎。巽木桔橰也

井内卦巽巽爲繩直桔橰之象。坎爲水。

據說文新附字正字橃莊于天地篇其名曰橃司馬注桔橰也廣韻六素橰桔橰撤一曰桔

橰揳器或作枯橰橰爲正字橰橰橰皆爲體答辠古通如皋陶古作咎繇

是其互體兌離。離外堅中虛。瓶也。兌為暗澤泉口也。口。為言桔橰引瓶下入泉

口。汲水而出井之象也。井以汲人。水无空竭。猶君以政教養天下。惠澤无疆也。

繘綆也。羸讀為虆。鄭氏此釋僅及井字。至改邑不改井。无喪无得往來井井

三句。不着一字。井為震宮五世卦。五不變外卦為坤。今變井外卦為坎。坤為

邑變則邑改。是邑雖改而井不變。故曰改邑不改井。田固井形。而其中復有井。

故曰井井。是以鄭氏玄以法釋井井有一定之禮法。上下可守。初六禽字雜

懷曰禽古擒字。禽獲也。言久廢之井。無所獲也。考禽當作擒。擒說文急持衣

衿也。三蒼。擒手捉物也。廣雅釋詁。擒持也。經傳皆以禽為之又廣韻二十一

侵擒擒通集韻。或从禁从禽从今通作禽困井兩卦之爻變。

```
困
初六  兌
九二  萃
六三  大過
九四  坎
九五  解

井
初六  需
九二  蹇
九三  坎
六四  大過
九五  升
```

上下兩卦爻變序

兌巽序

萃升序

大過自序

坎蹇序

解蹇序

訟需序

「上六二三三訟」　　「上六二三三巽」

困井爻變與 22 賁 21 噬嗑互參

50 鼎　49 革
相錯
屯　蒙　二離　四坎
二坎　四離

兩卦連續離　　離互大過

上下兩卦連續革…鼎　　大過互乾

離居中乾宮兩旁兌巽來交兌與離交為革離
與巽交為鼎革去故而鼎取新言社會鼎革
草中爻互…姤一乾鼎中爻互…夬五坤亦
為去故言指姤取新言指夬而言
困井受之以革鼎者此此是變爻倒即繫辭所
謂功業見乎變是　謂之功利今在…困卦去初
故困能受之以為草在…并去上六
六為…五畫以中爻互讀之為…革故困能受之以為革
為…五畫以中爻互讀之為…鼎王弼易學實出費氏所作周易署例辨位一

141

章實言中爻。其言曰无初，初即，初爻，上，上即，上爻，得位失位之文。王氏語有道，著處乃言。

革鼎兩卦卦辭

革。己日乃孚。元亨利貞悔亡。

鼎。元吉亨。

革之卦辭。元亨利貞言人能革乃可得之與乾坤兩卦相同而悔亡矣。悔即吉凶悔吝之悔。繫辭曰悔吝者憂虞之象也又曰悔吝者言乎小疵此兩者並提。鼎之元。在內卦之巽說卦傳巽為木是元。元在內卦故曰吉亨即外卦之離說卦傳離為火是亨。此兩卦與繫辭易之興也。其當殷之末世周之盛德邪當文王與紂之事邪相合。在革之九四悔亡有孚改命吉王充論衡遣告篇云。離下兌上曰革。革更也火卦內金卦外殊氣故能相革如俱火而皆金安能相成。相成承上文為相覺悟之盛也。咸古咸述革之義。鼎之初九鼎顛趾利出否得妾以其子无咎史記殷本紀言帝乙妾生微子啟欲立為太子太史據法力爭乃立紂。成成形似而鴉為後事與爻相合惟殷之王位相承兄死弟繼與本紀不合上六言革面者非心革也惟心革則天下不變革道大成矣。

河上易傳語鼎能取新與革面同。

革言微子非讀上下得驗於呂氏春秋當矣篇

142

總革鼎兩卦，名雖異。共實革之後，方得鼎象宋人之說。泥於忠君立說實失諸遠。乃言爻變。

革
初九	咸
六二	夬
九三	隨
九四	既濟
九五	豐
上六	同人

鼎
初六	大有
九二	旅
九三	未濟
九四	蠱
六五	姤
上九	恒

上下兩卦爻變序
咸恒序
夬姤序
隨蠱序
既濟未濟序
豐旅序
同人大有序

革鼎爻變與 3 屯 4 蒙互參。因屯二坎蒙離革四坎鼎二離同為坎離之卦。故爻變爻排列似異若倒讀之同。

51 震
52 艮

兩卦連續為小過　小過互大過　大過互乾

上下兩卦連續　震　艮

相錯　巽　兌　純八　純八

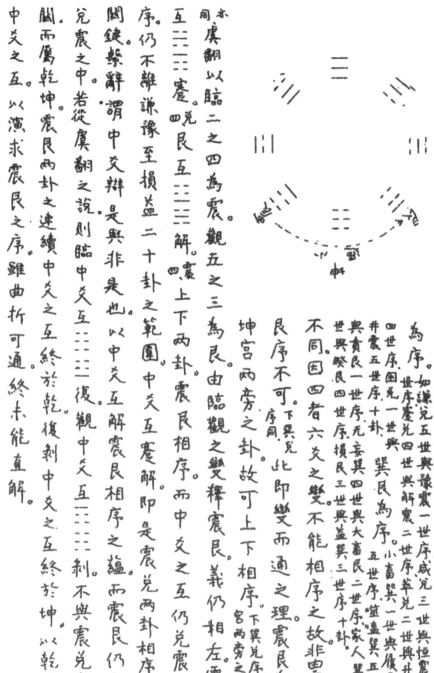

此以震重卦與艮重卦相序。與諸卦兌震
為序。如謙兌五世與豫震一世序咸兌三世與恆震三
世序兌四世與謙震二世序革兌三世與恆震
四世序困兌一世與解震二世序萃兌二世與井震
五世序噬嗑兌一世與益震十卦。
與貴艮一世序震五世序小畜巽一世與復民
井震五世序困民二世與大畜民二世序家人巽二
世與賁艮四世序損民三世與益巽三世序巽二
世與賁艮四世序損民三世與蠱巽五世序十卦。

不同因四者六爻之變不能相序之故非由震
艮序不可。序同。此即變而通之理震艮為
坤宮兩旁之卦。故可上下相序。
下巽兌序乾宮兩旁之卦

虞翻以臨二之四為震。觀五之三為艮。由臨觀之雙釋震艮義仍相在震
互震兌艮互解。震上下兩卦震艮相序。而中爻之互仍兌震相
序仍不離謙豫至損益二十卦之範圍中爻互解震艮相序之蘊而震艮仍在
關鍵繫解謂中爻辨。是與非是也。以中爻互解震艮解即是震兌兩卦相序之
兌震之中若從虞翻之說則臨中爻互復觀中爻互剝不與震兌有
腳而屬乾坤震艮兩卦之連續中爻之互終於乾復剝中爻之互終於坤以乾坤
中爻之互。以演求震艮之序雖曲折可通終未能直解。

革蘇受之以震艮者。在其鼎連續之卦為☲☲☲離。離三上兩爻繼文☲

為☲☲☲震。離初四兩爻繼文☲☲☲為☲☲☲艮。是震艮兩卦之組織皆在

離卦陽爻之變之中因離為中女為陰卦。故變文陽乃言震艮兩卦之卦辭。

震亨。震來虩虩笑言啞啞震驚百里不喪匕鬯。

艮其背不獲其身行其庭不見其人无咎。

震卦之亨由中爻互震互離。離為火屬亨來謂外卦。震為游

震乃是重卦故用疊字。說文虩易履虎尾虩虩恐懼。一曰蠅虎也徐錯

曰易曰震來虩虩。是蠅虎為又一義。漢宋治易者以蠅虎釋之失其義。

震為雷。雷時人必恐懼。論語鄉黨篇迅雷風烈必變啞啞鄭玄注笑此百里漢宋

諸家比皆无的解。漢鄘炎對事謂炎曰古者聖人封建諸侯皆云百里取象於雷。

雷何取此炎曰易震為雷亦謂諸侯雷震驚百里曰何以知之炎曰以其數知

之夫陽動為九其數卅御覽作三六陰靜為八其數卅二三十六與三十二。震一陽動一陽

為三十二陰靜。陰三十二爻二陰為六十故曰百里。見古文苑及鄘說較馬融鄭玄陸績虞

六爻加陽爻三十六得百策。御覽十三。說見第十大衍章。

翻為勝王充論衡雷虛篇云夫千里不同風百里不共雷易曰震驚百里☲☲☲王充

之說。似據當時諺語以證百里。宋程頤易傳。謂雷之震動驚及百里之遠人无不

懼而自失。唯宗廟祭祀執匕鬯者。則不致于喪失唯誠敬而已。此處震之道也程

氏此說義不可通陸績云。匕者棘匕挽鼎之器。江藩李林松周易述補謙皆以

詩雅大東有捄棘匕傳。匕所以載鼎實棘赤心也。周禮宗伯鬯人掌共秬

鬯而飾之。注秬鬯不和鬱鬯者江藩周易述補云。鬯香草謂像鬱人文注

人文注且注云鬱香草鄭玄注鬯為草若蘭。又如本卦六三震蘇蘇以死而復

生釋蘇皆死守虞義。不以馬融鄭玄注王肅三說。以證虞義之非。 先子曰蘇蘇

虩虩之反也。與馬融蘇蘇尸祿素餐兒合不喪匕鬯句。象无之呂祖謙古易音

訓引唐徐邈周易新義出字上脫不喪匕鬯之四字。王昭素胡瑗從之惟此句

疑衍。而出字朱熹疑為鬯之誤。然亦无左證。至艮卦辭云艮其背艮為山以

背象山又曰行其庭不見其人人民說卦傳云艮為門闕庭在門闕之內故卦辭

着以行因艮中爻互震震為足行之象乾坤蓋度艮為鬼冥門鬼所處則无人。

故曰不見其人。以象分析之當可了解。象又艮止也。止其所也。此崑氏云當依卦辭作背。在聲韻止

同而治宋易者。以象艮其止。

146

背同紐。不過聲之清濁不同爾。乃言爻變。

震
初九 ䷏ 豫
六二 ䷵ 歸妹
六三 ䷶ 豐
九四 ䷗ 復
六五 ䷐ 隨
上六 ䷔ 噬嗑

艮
初六 ䷕ 賁
六二 ䷑ 蠱
九三 ䷖ 剝
六四 ䷷ 旅
六五 ䷴ 漸
上九 ䷎ 謙

上下兩卦爻變序
豫謙序
歸妹漸序
豐旅序
復剝序
隨蠱序
噬嗑賁序

震艮爻變之序。與乾坤坎離異。四正與四隅之八純卦。爻變之別如此。

53 漸 ䷴ 艮
54 歸妹 ䷵ 兌歸

兩卦連續頤 ䷚
頤中爻互坤 ䷁

相錯 歸妹 ䷵
漸 ䷴

上下兩卦連續漸 ䷴ 歸妹 ䷵
頤
中爻
頤

漸與歸妹。四隅（）相交之卦歸魂也。漸中爻互 ䷿ 未濟。離、歸妹中爻互 ䷾ 既濟。坎。三漸卦辭曰女歸吉利貞。歸妹征凶无攸利。陸希聲曰

陳振孫書錄解題唐吳郎人著易傳解說一卷

147

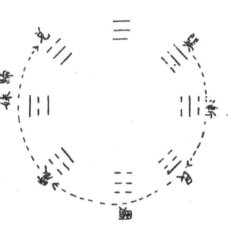

繫言三卷，其書未見益據，易以咸恒為夫婦之道，

折中卷十象下傳集說引，

漸歸妹為夫婦之義漸四爻得正。四爻在

為陰爻，象曰進，故女歸吉歸妹四爻失位，今四爻

得位故得正。四爻富陰爻居之，令陽爻為陽

五爻位，象四往凶位不當也。

陸氏之說即關取兩

卦象語，以漸歸妹為夫婦之義。恐非的解並

且夫婦之道。夫婦之義兩字陸氏分

開來說是差的。在繫辭理財正辭禁民為

非曰義是義字之於周易有一定之界限。

至咸恒損益四卦是用對宮取卦。隨蠱漸歸妹四卦是用（）上下爻互立說。

象雖舉出大要而立論尚簡至大象舉一卦之功用而言淺人讀之以為與象

無涉若能知象方能知大象之旨。大象必用以（）字以（）字即是是以象來解釋卦

其義自明程頤釋漸圍於禮教以廉恥為本胡炳文曰咸取女士取者之占也

漸女歸吉嫁者之占也又胡氏釋歸妹上六云。程傳以為女歸之无終本義

未熹以為約婚而不終。蓋曰士曰女，未成夫婦也胡氏與其父斗元皆承朱熹

之學。上溯伊洛以接洙泗圓於舊見。此宗派使然。總之宋時以理自鳴的經生從程氏餓

死事小失節事大之讕言據漸歸妹兩卦剏三從之說。這是妄據漸歸妹兩卦之繇辭。

附會窣鑿後易理盡失。

震艮受之以漸歸妹者震中爻互☴☶蹇。蹇上九變為漸。艮中爻互☳☵解。解初

九變為歸妹。乃言卦辭。

漸。女歸吉利貞。

歸妹，貞凶。无攸利。

以咸恒兩卦對比漸歸妹兩卦。茲舉咸恒兩卦之卦辭以證之。

咸。亨利貞取女吉

恒。亨。无咎利有攸往。

漸言女歸吉言女子在待字之年當適人與咸之取女吉義異。因咸已由戀

愛相悅當取女以遂其願漸卦有貞爻貞在中而无利利何在因漸與歸妹之相錯上

下兩卦互相錯漸錯歸妹歸妹內卦兌兌屬利恒利有攸往言夫婦之道歸妹貞

凶歸妹中爻互坎坎屬貞坎在四爻繫辭舉出中爻之定例四多懼不言多凶此言凶

149

者以歸妹錯漸而言漸之中爻互坎在三爻繫辭云三多凶由錯而來歸妹內卦兌

本有利令錯漸而兌不見故曰无攸利虞翻謂艮為小子初失位今陰爻乃失位

故屬虞氏小子屬是也釋有言亦謂孔穎達正義以夫既樂於邪配妻亦不能保其貞

非夫而孕故不育也見利忘義貪進忘舊凶之道也故曰夫征不復婦孕不育凶也

利用禦寇者異體合好恐有寇難離間之者然相比相順共相保安物莫能間故曰

利用禦寇此孔氏解釋未據殷周之際的史實得不到正確的說法在漢人釋此

者有鄭云虞翻兩說亦无的論復說文復往來也不復言其夫與婦絕婦不

教育其子漸之六爻惟初上兩爻釋巽之絜齊二至五爻以嫁與未嫁來對

比自漢至今對漸卦之解說不曰昏姻即曰仕進一无定論繫辭巽以行權此卦

似人之上九鴻漸於陸故瑗故陸為遠程頤朱熹從之折中云陸字與九三重九三之

育叶然細考之亦不同細以豳風改逵以人叶韻然逵儀古韻實非叶也意者陸乃阿字之

九罳陸復宿叶古讀已叶漸九五鴻則阿矣儀古讀俄正與儀叶詩云菁菁者莪在彼

誤阿大陵也進於陵漸於陵中阿既見君子樂且有儀小雅菁菁是其證作阿亦非王弼注莪莪清遠據王注當作

莪作莪亦叶說文莪莪峩峩也

150

歸妹家辭。一則曰天地之大義也。再則曰人之終始也。與卦辭征凶无有利相

予眉歸妹為兄嫁妹。六五爻云。帝乙歸妹。可為左證白虎通云帝乙謂成湯後

漢書荀爽傳云。湯有娶禮歸其妹於諸侯也。乾鑿度以帝乙為湯子夏傳同。

虞翻以為紂之父為帝乙。項安世曰古言嫁。例稱歸妹。項說未詳。上斷卦辭女歸吉不言歸妹女歸與歸妹不同。

易帝乙歸妹詩倪天之妹是也。項氏又云。帝女下嫁之禮至湯而備湯嫁妹之禮。王應麟困學紀聞引京房說上有无陰之從陽女之

之辭曰無以天子之富而驕諸侯。以天子之尊而乘諸侯十字。以陰之從陽女之順

夫天下之義也。困學紀聞作本天地之義也。往事爾夫。必以禮義湯稱天乙。或者亦稱帝乙乎。

商代帝女下嫁諸侯。其事不可考。商祀六百餘載。帝女下嫁。姬下嫁姬後人著易稱王姬周姓

非商姓。其事非一。歸妹上六爻辭。女承筐无實。士刲羊无血。左傳僖十五年晉脫鈕樹玉云脫通作況鈕氏以說文不出脫與脫同雅釋詁脫賜也為兄之假借故兄脫闕誤也

嫁伯姬于秦。史蘇占之。遇歸妹之睽。其縣曰士刲羊亦无血此也。與周易異。因古之縣辭。太卜皆

承筐亦无貺也。故不一例。周易卦爻辭乃卜官所集錄。以此證之。益信乃言爻變。

自作。故不一例。

　　　　　　　上下兩卦爻變序
　　　　　　　家人睽序

　[初六][六二][六三][六四][六五][上九]　家人　巽

　[初九][九二][六三][九四][六五][上六]　解　震

漸

上九	九五	六四	九三
蹇	艮	遯	觀

歸妹

上六	六五	九四	六三
睽	兌	臨	大壯

巽兌序
觀臨序
遯大壯序
艮震序
噬嗑解序
巽震序
觀大壯序
遯臨序
艮兌序
蹇睽序

漸歸妹橫圖序的對比
家人解序

漸歸妹為四隅之歸魂。與17隨18蠱同。故爻變爻之世位亦與隨蠱同。二爻五爻

在周易為巽兌序。艮震序。

56 旅 ䷷ 一離五坎
55 豐 ䷶
兩卦連續離 ䷝

離中爻互大過 ䷛
大過中爻互乾 ䷀

相錯
渙 節 ䷮ 離五
䷻ 坎五

上下兩卦連續豐 ䷶ 小過
䷽
旅 ䷷ 離

虞翻釋豐曰。此卦三陰三陽之例。當從泰二至四。而豐三從噬嗑上來之三。折四

於五獄中而成豐，虞氏逸象，坎為獄，又釋旅曰賁初之

四否三之五非乾坤往來也與噬嗑之豐同

義。此虞氏仍以撓三爻立說豐旅與噬嗑賁

如圖組織相似，而實賁不同噬嗑賁與47

困48井相錯故爻變之世位相同說已詳困

井爻變中，至豐旅與59渙60節相錯虞

氏此說殊非至云非乾坤往來也更遠易

旨困六十四卦陽消陰息。一陰一陽，使六十四卦反覆相錯不能離乾

坤兩卦之往來。此虞氏之失言馬其昶注周易費氏學，從沈善登需時昀言卷八圖說下文經馬氏刪改

以老子言道大天大地大王亦大釋大。馬氏廣、沈氏之義，謂豐大也。惟王能致

豐。王能致豐實。故曰王大之所謂身尊居高也。軒中論傳申言王之大，以所尚者大。大謂

未明其囚。此襄徐

得賢者之助也。馬說誤豐旅繼漸歸妹說易者以為豐三之二為漸與

之以之理不合因豐旅連續為大過。大過中爻互乾。乾為天。緣本卦旅之坎離以人道欲

合天道而无地道以濟之。故豐之六爻以凌虛之說。仰觀出之擬議天文。以豐雖大失去

153

實際。故序卦傳以窮大雜。卦序以多故解之。旅則无室家之安。因卦无坤。无

地道奔走四方。進退失所。故序卦傳曰旅而无所容。雜卦傳曰親寡旅也。

漸歸妹受之以豐旅者。是變倒繫辭曰其初難知。

末上爻。即王弼周易略例。重言初。在明爻通變章明卦迪變通章辭初即其上易知上爻。本初爻

之致正義渝亡。至隋侯果云。本末初上此初則事敦故難知。上則事彰故易知。

解釋略見清楚。至杭辛齋易數偶得。揭出一三五及二四六兩個問題杭氏以一

三五天數也。凡數一三五七九為生數、杭說是又揭出二四六的一則杭

氏謂二四皆生數。而六則成數。杭氏此說殊非凡二四六八十揚數是成。不能分析生

數成數又不知王弼已說過。失之疎或說漸為艮之歸魂艮為陽卦當受之以

豐歸魂兌之歸魂兌為陰卦當受之以旅。或說亦非。乃不知穀梁傳孤陰不生

獨陽不長之理須彼此互易。然後陰陽和方合受之以旅為

二三。以六爻求之為三三。漸陽而旅陰。得受之以之理三三歸妹去初爻

以六爻求之為三三。豐歸妹陰而豐陽。亦得受之以之理杭氏又於七字一則云

一三五三居中二四六四居中。杭氏所謂三居中四居中。即同中爻變化。而杭氏以佛氏說法搪塞之。

亦失之鑿乃言卦辭。

豐亨王假之勿憂宜日中。

旅小亨旅貞吉。

豐卦辭內卦離故亨兩卦連續中爻互乾。虞翻曰乾為王假滿雅釋詁大也故象曰

尚大也勿憂坎其于人也為加憂于寶曰豐坎宮干說是因卦屬坎宮乃多憂之

卦今无坎象故曰勿憂日中內卦離為日日在當中為極盛之時過時則昃。

豐之六爻初九六二九三九四皆言星象以仰觀立說。

旅旅為行旅之旅釋文王肅旅軍旅失其旨而六爻中亦不言戎事雖六五爻出

射字而下文又如雉字非軍旅之事可證小亨內卦艮艮為少男小之象亨為外卦

離旅无坎象此云貞者據兩卦連續大過包體為坎立論乃言爻變。

豐

初九 ䷶ 小過
六二 ䷶ 大壯
九三 ䷶ 震
九四 ䷶ 明夷

旅

初六 ䷷ 離
六二 ䷷ 鼎
九三 ䷷ 晉
九四 ䷷ 艮

上下兩卦爻變序
小過自序
大壯遯序
震艮序
明夷晉序
萃新晉序

六五爻 革
上六爻 離

六五爻 遯
上九爻 小過

離自序

58 兌
57 巽

豐旅兩卦與59渙60節相錯。

相錯
艮 震

兩卦連續為中孚 中孚中爻互頤 頤中爻互坤

上下兩卦連續巽 兌
中孚

巽兌相序，巽兌為乾宮兩旁之卦，各自為序。巽中爻互睽。四、艮睽中爻又互既濟。三、兌中爻互家人。二、巽家人中爻又互未濟。三、離、既濟未濟得坎離之半繫辭及說卦傳謂之人道。兌為少女，巽兌得其二猶震艮，震為長男，艮為少男，巽為長女。三女巽兌得其二猶震艮得其二相同。坤統三男，巽與震艮得其二相同。豐旅受之以巽兌，因豐旅兩卦連續之卦為離為

大過為乾。終於乾。以乾為主。乾初四兩爻變為二〇二〇一巽。乾三上兩爻變為二二〇二二兌。

若二五兩爻變為二〇二〇二離乾錯坤坤統三女其變如此。一定之正式。乃有係不紊或

以革鼎受之以震艮。何以與巽兌不同。答以革四坎鼎二離二豐五坎旅。離一同屬坎離兩宮

之卦或曰何以受之以不同。答以因世位不同之故。至震為長男。艮為少男若求坎

為中男在離之錯坎。易變化多方。要皆有一定之例乃言卦辭。

巽。小亨利貞。利有攸往利見大人。

兌。亨利貞。

卦有陰陽之別。陽卦云小以艮為之陰卦云小以兌為之巽卦所謂小不是指艮是

指兌巽卦小指兌而言。所謂亨指中爻互離而言巽卦而三女皆備利指中爻互

兌而言若不揣其本而齊其末。於巽卦之卦辭萬不能通巽之象曰君子以申命申

命。王弼未注巽之卦辭出兩利字利有攸往之利。明指巽中爻互兌而言利見之利亦指

中爻五兌是見巽卦六爻在九五先庚三日。後庚三日。理與蠱卦辭先甲

三日後甲三日同。在六四田穫三品。三品諸家義有多端。虞翻以艮為狼。坎為豕艮二

之初。離為雉。程玄以田穫三品。下三爻也。謂初巽為雞。二兌為羊。像中爻三離為雉。立說。

157

亦據中又立說。王弼謂田獲三品。一曰乾豆。二曰賓客。三曰充君之庖。程頤朱熹顧王

說。對於古說喜節外生枝李鼎祚據穀梁傳曰。春獵曰蒐田夏曰苗秋曰蒐

冬曰狩田獲三品一為乾豆二為賓客三為充君之庖。

心。次殺射膞骼以供賓客。李氏之說不過加演王弼之義亦非真諦品字之義即乾

尊神欲客之義。

之象品物流形之品田所獲之物謂之品。今云三品。乃田所獲者多品而已殷人尚卜田

之庶羞。是周人品物繁多又庖人有六獸六禽之品物。注云鄭司農云六獸麋鹿熊、

羊豕具為一牢。皆為家畜又膳夫羞用百二十品注羞出於牲及禽獸以備滋味謂

時必卜獲某多少卜辭中則戴明之周禮冢宰宰夫之職有軍禮之法注三牲牛

廣野承兇。六禽雁鶉鴽雉鳩鴿似三品為祭祀喪紀賓客之品非指禽獸之數大司馬職

祀喪紀賓客共共死獸生獸似三品為祭祀喪紀賓客之品非指禽獸之數大司馬職

掌囿田為囿獻禽以祭祀苗田為苗。獻禽以享礿。獮田為獮致禽以祀祊狩田

注冬田入獻禽以享烝。不過言及祭祀而所屬諸職與田獵有關者述及喪紀賓客至多。

為狩

故疑三品為三者供具也。

兌亨利貞。項安世曰亨利貞自是三德，非利在於貞也。項說是詰程頤所謂然為說之

道利在貞。詰朱熹二義，謂卦體中而柔外剛中，故說而亨柔外，故利於貞……大柔

外故為說，亨剛中故利於貞，亦一義也。程朱說繫王弼注及孔頴達疏，卦解出亨象无之。兌係八純卦。

乾元亨利貞，兌則亨利貞。兌中爻互巽，巽屬元亨，本卦解不舉元者，因克害之故。京房易

傳所謂兌純金用體是。兌中爻互離屬亨，本卦兩兌屬利，中爻互家人又未濟，

皆有坎。坎屬貞。在兌卦象云說以先民民忘其勞，說以犯難民忘其死四句，釋兩說

字主象者，以虞翻撴三爻之說，去象已遠，尚性理者均不能脫王弼注之科臼，在歐陽

未兌為口說也。出兩說字者，因兌卦為重卦，一說字指兌內卦，一說字指兌外卦，即

象所謂麗澤兌。麗澤即兩澤。釋文引鄭玄云離猶併也，是其義。此說字當作告解說

修欲別樹一幟，謂見小惠不足以說人，而私覺不可以求說，是以說作悅解矣。悅說文

以先民民忘其勞，與論語子路篇子路問政子曰先之勞之，勞之義同。孔安國注云先導

之以德，使民信之。易曰說以使民民忘其勞，孔氏此注拘於為政以德，為政說而講

此言告民以勞而身先之，民乃忘其勞。說以犯難民忘其死。淮南子主術訓臨

死亡之地，犯患難之危。許慎注犯猶遺。此一本，事雖異，臨大節時思想則同，是言告之

作高誘注，言孔子之道

三易新論

遭難而身親之民乃忘其死。兌為毀折。兌內卦忘勞。外卦忘死。將內外卦分別解釋其義自明。結句說之大民勸矣哉兌為口舌勸用口舌乃言爻變。

巽
初六 ⚋ 小畜
九二 ⚊ 漸
九三 ⚊ 渙
九四 ⚊ 姤
九五 ⚊ 蠱
上九 ⚊ 井

兌
初九 ⚊ 困
九二 ⚊ 隨
六三 ⚋ 夬
九四 ⚊ 節
九五 ⚊ 歸妹
上六 ⚋ 履

上下兩卦交變序
小畜履序
漸歸妹序
渙節序
姤夬序
蠱隨序
井困序

巽兌震艮四卦合橫圖序的對比（巽震序兌艮序）

渙豐序
漸歸妹序
井噬嗑序
蠱隨復序
姤復序
以上巽震豫之交變

困賁序
隨盅序
夬剝序
節旅序
歸妹漸序
履謙序
以上兌艮之交變

以上履謙艮之交變

易學經典文庫

160

合巽兌兩卦觀之畫錯綜之理矣。

59渙䷺䷝離 一坎 五次

60節䷻䷶坎 ䷶豐

兩卦連續為坎☵ 坎中爻互頤䷚䷚䷚ 頤中爻互坤☷

相錯 旅䷷䷶豐 一離 五次

上下兩卦連續渙䷺䷻節 中孚䷼

坎居中，以交乾宮兩旁之巽兌。巽與坎交為渙。坎與兌爻為節，豐旅與55渙56節陰陽相錯，故豐之卦曰豐亨王假之，渙之卦曰渙亨王假有廟，兩卦之大別如此。又旅之卦辭云旅小亨旅貞吉，節之卦辭云節亨苦節不可貞，其辭不同。在豐旅二卦連續為離，此渙節兩卦連續為坎。離坎相錯，盡水火之大用，以繫辭說卦傳明之即言坎離為三才之人道。又證之中爻之互，豐旅兩卦相續為三三大過，渙節兩卦相續為三三頤，大過錯頤可知。三三大過中爻又互三三乾，頤中爻又互三三坤。乾坤又相錯，以明人道欲藉天道地道以濟之，可知六錯之大用。

十四卦。在周易皆在乾坤坎離四個四正之卦錯綜之中。因此四卦皆盡屬

坎離兩宮之卦。故重言以申明之。故渙則王假有廟借立廟以集族人使渙而不

渙是古代立廟之事,乃當時社會的現象。

巽兌受之以渙節者巽二☲兌九三變為渙。兌二○二二九四變為節乃言卦辭。

渙。亨王假有廟。利涉大川。利貞。

節。亨。苦節不可貞。

渙,彖卦辭來解釋虞翻云巽木坎水故乘木有功。虞說亦非是巽為柔木如

何能乘木有功。不知舟楫之利。即乘木。不不在外卦之巽。而在中爻互震震非柔木其

材可作舟楫。故曰利涉大川。卦辭云亨渙无離象。是无亨不知渙之亨在渙節兩

卦互頤☲☲☲大象似離。故曰亨王假有廟渙中爻互艮艮為門闕為閽寺廟之象。

利由上下兩卦連續之中孚卦兌。而來胡炳文本義通釋云易以巽利涉大川

者三,胡氏以巽為利涉當細為分析巽為風風利舟非巽木所能勝任岦分說之益外巽內震。不道指巽言

之利涉是惟作舟楫比曰以水言益曰木道乃行。益外巽內震,不道指巽言。

中孚曰乘木舟虛。蓋言不在本卦,如在中爻之互渙曰乘木有功此十三卦言製器尚

象舟楫之利獨取諸渙是以此也胡氏之說不如木有震之木,係采木

材,巽之木,草之類,

作舟者當用震木。又不知巽為風。為利舟之具。失之繫辭云。刳木為舟。剡木為楫。舟楫之利致遠以利天下。蓋取諸渙。其說已闡明卦辭九家易云。木在水上流行若風。舟楫之象也。虞翻以巽木坎水故。乘木有功。兩說皆膚。因不知中爻互震震木可作舟楫。朱熹以致遠以利天下疑衍。朱說亦謬。律以全文屢舉利天下不衍可證渙之九五渙汗其大號。渙王居无咎馬其昶以渙汗其大號句。此句人人五言讀當不出如句。渙其昶以渙為句。失義此渙字當續下馬氏如此讀。實昧於渙卦之義。

節亨與渙同苦節虞翻云謂上也。應在三三爻成離炎上作苦。位在火上。故苦節雖得位來陽故不可貞虞氏此說。拘於挠三爻立說。其實炎上作苦由兩卦連續為坎。坎中爻互☲☶☷頤。頤大象似離立說。貞據坎言不可因節中爻互艮艮止也。故曰不可節之卦辭不過近取諸身若遠取諸物。以利天下者節亦言治水國語周語三澤水之鍾也。侯果云澤上有水以隄防為節。集解。程頤云。節為卦澤上有水澤之容有限澤上置水滿則不容為有節之象故為節又曰澤之容水有限過則盈溢是有節。故為節也。伊川易傳二。

蘇軾云水之始至澤當塞不當通既至當通而不當塞故初九

163

以不出戶庭為无咎。言當塞也。九二以不出戶庭為凶。言當通也。至是而不通則失是而至於極。傳六。東坡易。朱震曰澤之容水固有限量虞州納之滿則洩之水〈澤為節也。君子於民亦然。制其多寡。制其隆殺制數度慶者。坎也。漢上易。郭雍云澤无水困則為不足。澤上有水。節大則為有餘。不足則為困。有餘則當節。理之常也。郭氏傳家易說六。侯氏以下四說。皆像節之初六小象通塞立說。虞翻早有說。惜庸乃言爻變。

上下兩卦交變序
中孚自序
觀臨序
巽兌序
訟需序
蒙屯序
坎自序

渙
初六 ䷺ 中孚
九二 ䷛ 觀
六三 ䷝ 巽
六四 ䷅ 訟
九五 ䷃ 蒙
上九 ䷜ 坎

節
初九 ䷜ 坎
九二 ䷂ 屯
六三 ䷄ 需
六四 ䷹ 兌
九五 ䷒ 臨
上六 ䷼ 中孚

61 中孚 ䷼　游艮
62 小過 ䷽　游兌

兩卦不能相續其聯繫為隨 ䷐　隨中爻互漸 漸又互未濟 ䷿

上下兩卦聯繫中孚 ䷽ ䷻ 小過
隨 ䷛ 新

中孚小過四隅之卦位，人以為與27頤28大過

同為四隅之游魂。然組織有別乾宮兩旁兑

巽順讀之為大過。震游逆讀之為中孚艮游

坤宮兩旁之震艮。順讀逆讀之為頤。巽游逆讀

之為小過。遇兑游震游艮内震

過大過。其組織如是。惟歷來解小

民皆陽卦陽為大。何以反以小過震外艮内震

外兑内巽兑巽皆陰卦陰為小。何以反以

過大過。其說不一以為小命卦大過

大名卦。因以游魂立說。繫辭游魂為變。變則動多過差。雜卦

過為震宮游魂震為陽。故曰大。小過為兑宮游魂兑為陰。故曰小。中孚小過四隅橫交

之卦將兩卦橫讀之為 ䷸益 ䷽巽 ䷶損 ䷳艮

三 ䷩ 恒 ䷲震為四隅之 ䷢世卦配合中孚小過頤大過四卦其卦之陰陽皆不和。故益

咸不序。損恒亦不序。唯其不序。故謂之游。至四隅之游魂。隨蠱漸歸妹四卦隨

蠱兩卦橫讀之為䷑䷤咸䷞。兌䷹。恒䷟震漸歸妹兩卦橫讀之為䷴䷵益䷨損。

民。咸恒益損皆四隅之三世卦。以配合歸魂四卦。其卦之陰陽皆和。故皆序。唯其和

序。故謂之歸。是以咸恒兩卦橫讀之為䷐䷜隨震䷑䷑蠱。巽。損益兩卦橫讀之為䷴

漸歸䷵䷵歸妹。兌亦序也。此一定之序。明此四隅之象。易的條例始明。

受之以中孚小過渙節者因係游魂與諸卦不同渙初爻變為中孚節上爻變為中

孚中孚之錯為小過此以錯證受之以之例乃言卦辭。

中孚豚魚吉利涉大川利貞。

小過亨利貞。可小事。不可大事。飛鳥遺之音不宜上宜下大吉。

豚魚吉吳澄云豚魚象也豚魚澤中之物似豬俗謂之江豚澤將風則浮出水面

有南風則口向南北風則口向北舟人謂之風信唐人詩曰江豚吹浪夜還風風

澤之卦。故取以為象。自漢以來釋豚魚者。咸以豚魚為兩物與象實不合說卦傳坎

為豕中孚卦畫中无坎。則无象豚。即可證且大川非豚能涉。虞氏逸象巽為魚。

惠棟易漢學三舉虞逸象巽為魚原注云郭璞曰魚者震之廢氣也朱子發曰巽

166

王則震廢故仲翔以巽為魚此原文見朱震漢上易叢說虞所謂逸象據此

中學而言因中孚外卦巽巽遂以巽為魚實異象不合說卦傳舉象在離為故蚰為蝴

為音臘為蚌為龜皆言水族魚亦當為離象困中孚大象似離故也豚魚在澤中亦

水族李林松周易述補三效惠棟頤之初九舍爾靈龜之例惠云故損之六五益之六二皆

者謂之異義李氏據之謂之廢異義抄吳氏之說仲其義耳李氏又引京房易傳

犹即豚說文未出廣韻二十將風則踶竃欲兩則鳴以證漢人早有此說京房易傳

三魂豚承子犹純並同上

否對中孚立說則不可考李氏又云惠氏此書周易述指不引漢以後一字然頤初釋

龜已附或說用此例也說見李氏周易補三易述補三李氏之說可見清代治漢學墨守殊深祗知虞

翻不知進一步求魏晉以後之學說以為漢人以後又互未濟因漸與未濟皆有

難通利涉大川利指內卦兌大川指中爻互漸漸又互未濟因漸與未濟皆有

坎利貞即申明利涉大川中爻辭中不易解者有三初九有兌不燕他古文

作定蛇也此從虫而長上古草居患定相問无定乎六三或歌或罷罷楊慎曰音

邊呼歌也人引用古籍氣不述其出處我无從考正在淵雅擇器器龍謂之籠鄭注龍牛尾也似以擇器所

引者皆俏舜之韶邪屬擇曰一名龍得者所執此如此罷作罷義方與韽泣歌合胡氏以者與歌叶殊非

磐正字為磬歌不同紐屯之初九磬旋罷氏作般呂氏春秋古樂篇首葛天氏之樂三人捬牛尾投足以

說見楊氏著丹鉛雜錄胡煦周易函書約注云升菴音鼗與歌叶以易林罷音他為諮惜明音

167

歌八闋。上九翰音登于天曲禮。雖曰翰音。樣曲禮是言祭品則登。當為登說文登禮器也。以上三者為中孚爻辭中難解者故附及之。

義同。

小過之卦辭亨利貞。此三字。皆虞下虞翻之晉上之三。當從四陰二陽臨觀之例。此虞氏泥於撓三爻之說致扞格難通不知卦辭之亨。在兩卦連續之隨。

隨中爻互漸。漸中爻四至五為離。故曰亨利小過三至五為兌兌為利貞中孚小過聯繫為隨。隨中爻二至四為坎。坎為貞。此三字其理具在。而虞氏昧於物生而後有象。象而後有滋。潛即蟄說文藝沒沒生也沒沒生生即生生不已滋而後有數。物生而後有象三句。強以撓三爻以自圓其說故不能貫通小過飛鳥之說本說卦左傳僖十五年文。

離為雉雉為飛鳥。不必遠求之晉。此飛鳥在兩卦聯繫之中爻互漸至未濟因漸興未濟皆有離。而虞氏逸象離為飛鳥為鶴舉爻辭所出之字羅列之繫而實要而說卦傳離為雉以雉包括之言簡而要虞氏又以繫辭十三卦斷木為杵掘地為臼四杵之利萬民以濟益取諸小過來解此作繫辭之時較作卦辭為後亦懸議之辭。故文中用益字。以懸而未斷出之管子不慕古。正世荀子法後王。正名因後人學說所見所聞定能高出於前人之上若清代治易者崇漢人之說奉為圭

168

象。乾震守爻以已見"而漢儒訓詁之說反隨之而亡虞翻尚體王弼尚玄鍾會非之惜

鍾氏之說巳云未能細參可小事一句解者至多不知小過乃兌之游魂卦故曰小若以內

卦艮為小"外卦震為大"又以小過為小人之過皆失諸遠乃言爻變又

中孚

初九	䷺	渙
九二	䷩	益
六三	䷈	小畜
六四	䷉	履
九五	䷨	損
上九	䷻	節

小過

初六	䷶	豐
六二	䷟	恆
九三	䷏	豫
九四	䷎	謙
六五	䷞	咸
上六	䷷	旅

上下兩卦爻變此中孚六爻自為
序小過六爻自為序

中孚六爻之爻變
渙節序
益損序
小畜履序
豫謙序
恆咸序
豐履序

小過六爻之爻變
換豐序
益恆序

中孚小過兩卦在橫圖序的對比
小畜豫序
益恆序
履謙序
損咸序
節旅序

此當與27頤28大過二卦互參之。其世位皆相同。

63 既濟 ䷾ 坎

64 未濟 ䷿ 離

相錯

既濟 未濟

兩卦連續離 ䷝䷝ 離中爻互大過 ䷛ 大過又中爻互乾 ䷀

上下兩卦連續既濟 ䷾䷾ 未濟

治易者當先解卦名。六十四卦中。惟既濟未濟

近无定解。雜卦傳曰既濟定也。鄭玄曰濟度也苟

爽虞翻皆曰濟成也。三說當以度為諦度即渡

字爾雅釋言濟渡也。是明證虞翻濟釋成也亦

緣爾雅釋言濟成也。雜卦傳釋定淮南子天文

訓秋分蔈定。注定成也定成古互訓。周禮司

徒小司徒。使各登其鄉之眾寡六畜車輦注登

成也。成猶定也。亦一旁證。惟既濟未濟兩卦皆

有坎。以象立說。當以渡為是。江北潘周易述補亦主鄭玄說釋度。並引鄭道元水經

注曰。係河水注。酈氏引郭緣生述征記語又引風俗通二正矢蕭語江氏參以己意當讀原文。狐性多疑。故多狐疑之語風俗通里原文語便。

170

狐欲渡河。無如尾何。蓋狐性多疑未渡之時。先以尾度^{此度字江氏以別深淺。一說狐首解出之未是}

輕尾重負尾而濟也未濟時。一步下其尾。此孟喜語也。見朱震漢上易。^{余箸周易孟氏}

學以其不類孟江氏宗惠氏喜點竄塗改原文非是。^{氏說屏不錄。}

雜卦傳曰未濟男之窮此因未濟為離宮三世卦失乾而言之。然。既濟未濟連續乾

坤當據陸績三極之道注為準。今之周易只有六爻一爻之遞變。二爻以上之

變缺而不講陸績提出三極之道。乃是周易之要義漢時四家博士之傳易黨同代

異致易之正義盡亡。惟對於卜人所作卦辭爻辭訓詁字義尚有可取至宋人并訓詁

而亡之序卦傳曰有過物者必濟。故受之以既濟。物不可窮焉故受之以未濟終

為昧於受之以的例歐陽修譔之誠然。然歐陽氏亦不明受之以之例。故其說亦不當。

要知受之以之例須以上下兩卦立說若以六十四卦。以一卦為受之以其說不能

成立至物不可窮猶言物不可極即萬物之發展永无止境。如果以既濟未濟復歸

為乾坤根據受之以的條例這說法是錯誤的這是把易看成靜止的不變的了。

其實易理是生生窮變。不斷變化發展的漢儒說天不變。道亦不變把既濟未

濟復歸乾坤作為論據這是把變化不窮的易理含有朴素唯物的思想被后儒

三易新論

171

把它說成不變的。原始要終的唯心論與易理相悖且序卦言物不可窮是言物不可極而以終而後。始是對立統一以后又有新的矛盾深合窮則通之理這就是易的

聯繫連續和受之以之變的規律。

中孚小過受之以既濟未濟者。為 ䷼ 中孚 小過之交爻式即 ䷴ 漸 漸初上兩爻變為 ䷵ 歸妹

既濟歸妹初上兩爻變為未濟此亦變例乃言卦辭。

既濟。亨小利貞初吉終亂。

未濟。亨小狐汔濟濡其尾无攸利。

既濟亨指內卦離而言離為火故曰亨曰"小"指離卦而言坎屬陽卦是大離屬陰卦是小利兩卦連續為離離中爻互兌兌屬少女居卦之末其小可知貞指利。"小可知"貞"指既濟外卦坎而言初吉終亂。因既濟二爻為離離二爻變為乾虞翻以乾知大始輝之是必初指內卦離變爻乾指既濟變乾今二爻已變為乾得變之正而四爻上爻未變以內卦為終。內卦已變。不能得既濟之功用。故曰終亂。至未濟言亨亨即指外卦離而言小狐九家易逸象坎為狐子夏傳曰偽書然亦有可米者余此。坎為小狐干寶說同子夏傳。至濡因未濟內卦有坎互卦亦有坎皆屬濡大始引之。

易學經典文庫

象是確解。至尾虞翻逸象。以艮為小狐，為尾。"虞氏以既濟初，與九家易相反，兩卦連續，九變言艮言之。"及上下兩卦連續，中爻互及錯皆無艮象。此虞氏之失言。至虞翻乾為首諸家釋尾首兩者皆不足從。由易倒以初爻為尾。上爻為首尾宋衷姚信孔穎達已言之首諸家皆失解。

乃言爻變。

既濟

初九	蹇
六二	需
九三	屯
六四	革
九五	明夷
上六	家人

未濟

初六	睽
九二	晉
六三	鼎
九四	蒙
六五	訟
上九	解

上下兩卦爻變序
蹇解序
需訟序
比家人序
明夷晉序
革鼎序
屯蒙序
需晉序
蹇睽序
既濟家人睽序
未濟在橫圖序的對比

既濟未濟與泰否。同為乾坤坎離四正卦三世之位周易六十四卦，分三十二組的演法。是不能脫離由一陽一陰之位以消息變而為一陰一陽之謂道乃有一定之規律。所謂道者即是消息。所謂消息。就是陰陽和。卦爻辭作者的宇宙觀認為世界

由陰陽兩種物素的對立、沖擊、發生變化、對立的統一就是和、和后再對立統

一。這樣生生不已。卦傳窮理盡性以至於命、理就是一陽一陰的排列。

性就是一陽一陰變化由消息變為陽化陰、陰化陽、曲成生生、造化无窮。

始得謂之道。命就是一一是陰陽不分、一之作用老子所謂道生一一生二

二生三三生萬物。這和易理矛盾統一的說法一致的。至三十二組之立成。

重在世位。以上下兩卦世位得六立說。上下兩卦以連續立說、故世位皆得

六。今巳將六十四卦巳一一探原、如謙豫為兌五世震一世五與一合為六、

咸恒為兌三世震三世三與三合為六、蹇解為兌四世震二世四與二合為六、

萃升為兌二世震四世二與四合為六、周易上下兩卦之合皆為六、也至於易

象既明六十四卦的規律、已有序可按。然後進一步把卦爻辭的文字加以

考訂。因卜官據象定辭、先求卦爻辭的規律、規律既定。然後探求卦爻辭的

文字考訂。易理始明竊謂卦爻辭是卜官據象而下的斷語為什麼要這樣下

斷語呢。因為卜官所據象數在斷語辭中是不說明的、殷墟甲骨文亦同、有的斷語在卜

官既斷之後。相隔了一段時間由事實而證明、再加重斷的。如卦爻辭句末有吉有凶。

174

及无咎諸詞。和前面的卦爻辭似乎有矛盾的。如明白卜官定辭的方法。就无懷疑了。

易新論 中卷

第十二章 周易新論 三

八、論三索三像

周易六十四卦的卦辭和爻辭，是殷末周初的產物。它主要是闡明宇宙變化的哲學思想的。因此六十四卦的排列和變化是有一定的組織和規律。這就是易經之變的組織和規律。每一卦的爻辭，有用九用六的變化。就是指之變文而言。陽變陰叫作用九，陰變陽叫作用六。老陽三十六，以四除之得九。老陰二十四，以四除之得六。故爻遇少陽少陰則不變。遇老陽老陰則變用九六兩字作為符號代表陰陽之變。易之變用九六作公式。如代數學代入正負的公式。說明易變的哲學思想。

要明之變的規律。首先要明八卦的形成八卦是乾三坤三震三巽三坎三離三艮三兌三八種物質所組成的。這八種物質以怎樣的規律組成的呢易經作者認為八卦組成由于索也就是三索的規律。什麼叫三索呢。就是三畫卦和六爻完全是不涉的。說易者。據說苑權謀篇引孔子曰，繫之為言索也索也者盡

深瞳索隱

不義謂索是求索的意義。這說確當，索有求意，求一定要動。有動才有變爻，也就是說不動即不能索。這說明宇宙不斷變化主要原因在索，并且索是由八卦物質自身的索，是內在的變化，而不是外加的。這是易經之變規律中限于三畫卦的之變爻規律。說卦傳以乾坤代表天地或父母，陸績注說乾生三男，坤生三女，王肅注說索、求也。以乾坤為父母而求其子也，得父氣者為男，得母氣者為女。義引釋文也說索、求也索的意思。和老子萬物負陰而抱陽的道理相同的，三索的規律說明宇宙的變爻化由陰陽的對立統一變化无窮，這是周初具有原始的樸素的唯物主義思想。陰一陽一的宇宙觀較複雜，就用乾三坤三來代表。乾坤自身的索，也即是動。產生其他的六卦，而其他六卦不是靜止的，自身也不斷地索不斷地動。八卦這樣變化不已，產生宇宙萬物，乾坤三爻的變成為其他六卦，故稱三索。三索的形成和變化規律比較簡明。產生和變化規律是。

乾之一二三索，乾陽卦故求陰。一索為☴巽。再索為☲離。三索為☱兌。說

易者謂之乾統三女。因乾三索為巽離兑皆為陰卦即老子所謂負陰。

坤之二二三索坤陰抱卦故求陽一索為二爻震再索為二二坎三索為二二艮說

易者謂之坤統三男因坤三索為震坎艮皆為陽卦即老子所謂抱陽。

這就是乾的三爻陽員陰巽為長女離為中女兑為少女長中少的次第。以爻之先后為之

坤的三爻陰抱陽震為長男坎為中男艮為少男長中少的次第也以爻之先后為

之這樣坤對乾巽對震離對坎兑對艮此乃原始的宇宙觀把宇宙變化歸納為八種物

頒所組成三索的規律不但乾坤兩卦震巽坎離艮兑六卦皆能索這樣才能明確

三索的規律易之要全在動動是自身的變化又互相對立依賴不斷變化繫辭傳

巳明白指出天下至動而不可亂也這是言動有一定的規律乾坤兩卦的索上

面已講過其他六卦易學者謂之六子六子之索即六子之動也有一定的規律的。

六子的索是。

震之三二三索一索為坤再索為兑三索為離一索為坤者即坤之一索

再索為兑三索為離與乾之再索離三索兑不同因為爻的陰陽不同而

爻位也不同所致因乾與震同為陽卦震二索三索為陰故數位之法不

易學經典文庫

同。

巽之☴☰三索，一索為乾，再索為艮，三索為坎，其例如震之三索下同。

坎之☵三索，一索為兌，再索為巽，三索為離。

離之☲三索，一索為民，再索為乾，三索為震。

民之☶三索，一索為離，再索為巽，三索為坤。

兌之☱三索，一索為坎，再索為震，三索為乾。

六子之三索，此像陽卦負陰，陰卦抱陽。如震三索是陽負陰巽三索是陰抱陽，這是三索的變化規律，根據四象生八卦演變而來的。至於三索的級數，一索為四，二索為二，三索為一，這是四二一的級數，除本卦數。但是陽的級數須順數之，陰的級數須逆數之。例如乾三畫皆陽須順數之，乾一索為巽，巽居乾后第四位，二索為離，離居乾后第四位，三索為兌，兌居乾后一位。坤三畫皆陰，陰的級數須逆數之，坤一索為震，震居坤前第一位，亦用陽消陰息，二索為民，民居坤前第二位，一索為艮，民居坤前第一位，亦用陽消陰息。

居坤前第四位，二索為坎，坎居坤前第二位，一索為艮，民居坤前第四位，其數法與六爻的消息不同，當分別之，因易之變化而各有各用。

至六子之三索☷☳坎☵民☶陽卦而多陰爻，☴巽☲離☱兌☲陰卦而多陽爻，即繫

三易新論

辭傳所謂陽卦多陰，陰卦多陽者，是其例。惟逢陽爻視級數順數，遇陰爻視級數逆數，例如震初爻為陽，故一索為坤。震二爻為兌，震逆數四位兌。三爻亦為陰，故三索為離。震逆數一位離。巽初爻為陰，故一索為乾。巽逆數四位乾。二爻為陽，故再索為艮。巽順數二位艮。三爻亦為陽，故三索為坎。巽順數一位坎。坎離艮兌四卦依震巽二卦陰陽爻位級數此即得乾坤三索表明六子成因。六子三索表明乾坤過程兩者相互依賴沖擊變化三爻之變八卦的矛盾對立。這是公元前十二世紀以前的人們對矛盾對立客觀事物的認識體現唯物觀點同時是符合邏輯法則的。三索組成在象數方面有成就的卜官根據索的規律觀察宇宙變化據象立說。說卦傳就是據此立說。但是說卦傳錯簡重文至多惠棟周易述。以乾健也以下皆易後師所益惠說无據惠氏於易疏於象數。因為卜官所作皆根據象數離此而言是講不明白的。惟說卦傳文多重出如乾為天，為父。坤為地，為母。震為長子，巽為長女，離為中女，兌為少女，脫坎艮兩子其錯亂可證。總之三索是言三畫卦的組成的規律。其理至顯。

三畫卦的組成已經明確。那末六畫的組成究竟怎樣的呢。說卦傳說。

易學經典文庫

昔者聖人之作易也。將以順性命之理。是以立天之道曰

柔與剛。立人之道曰仁與義。兼三才而兩之。故易六畫而成卦。

這段話雖是儒家的思想。但其中闡明陰陽兩種用剛柔兩字加以發揮。並指

出兼三才而兩之是想敘明六爻的之變的。這還是進一步發揮了唯物哲

學思想。至於仁義二者並提是儒家思想用仁義附會陰陽。這思想從孟

軻始。禮記鄉飲酒義喪服四制兩篇。亦仁義並提。其文字之闡發。亦龍龕說卦傳

之說。而孟軻仁內義外之說。見告子有謂內外。即內因外因。此說絕對難通。不必

依附坤六二文言說。君子敬以直內。義以方外。敬義立而德不孤。同為儒家解易

之說。繫辭傳說。

易之為書也廣大悉備。有天道焉。有人道焉。有地道焉。兼三才而兩

之。故六。六者非他。三才之道也。

鄭玄注。

三才。天地人之道。六畫畫六爻。

李鼎祚集解引崔憬注。

言重卦六爻亦兼天地人三才。兩爻為一才。六爻為三才。則是兼三才。

而兩之。故六六者即三才之道也。

以上諸說據繫辭傳而發揮。因不辨卦與爻的變有分別的。兼三才而兩之。

指卦言。不是指爻言。崔氏此注似指卦兩爻為一才。後人推波助瀾謂初二兩

爻為地爻。三四兩爻為人爻。五上兩爻為天爻。又有初四兩爻為地爻。二五兩爻

為人爻。三上兩爻為天爻。皆不符之變的規律。所謂六者由兩卦聯繫而來。如乾

坤兩卦聯繫。乾為上世卦。坤亦為上世卦。由乾上世數至坤之上世為六。又由

坤上世數至乾之上六。亦為六。此六字的本旨又如屯蒙聯繫屯為坎二世卦蒙為

離四世卦。由屯之二世數至蒙之四世為六。又由蒙之四世數至屯之二世亦為六。餘卦

類推。卦辭爻辭並不言三才的意義。從謙卦象辭始作象者由卜官的

同易一變而為儒家之周易。於是漢之董仲舒軌道之大原於天。天不變道亦不變。

是漢書董仲舒等說。加以闡發。此由於讀易者斷章取義。不顧下句道有變動。故曰爻。

混卦為爻所致。又謂以三才為三極繫辭傳云。

六爻之動。三極之道也。

馬融注曰。

三極三統也。

此馬氏之曲解。三統與爻動无關。又鄭玄注。

三極三才也。

鄭玄此注謂在卦爻不分。韓康伯同。惟韓注下又有爻三材之道。故能見吉凶成變又
化此其說更廥。又陸績云。

天有陰陽二氣。地有剛柔二性。人有仁義二行。六爻之動。法乎此也。

陸氏此注託說卦傳三才之道。是強不知以爲知。以欺人滿陸氏又注云。

此三才極至之道也。初四下極。二五中極。三上上極也。

陸氏此說言三極中是漢魏人易說中最可采者。以三上爲天。初四爲地。二五爲人惟
引而不發。林至同易稗傳外編引虞翻說云。

陰陽失位則變。得位則否。故以陰居陽位。陽居陰位則動。

繫辭云以動者尚變凡爻動者稱變。不必以失位得位來解釋虞氏此注。僅言六爻之
動。不及三極之道。王肅云。

三易新論

「陰陽剛柔仁義為三極」。

王肅此說亦龍紊說卦傳語，至宋人愈說愈亂，並混極為太極，更非。三極是六爻之變的規律，要明其規律，當先明極字之確解，不可與太極相混，極為巫之茲于乳說文。

徐鍇繫傳云：

巫，敏疾也。从人从口又从二。小徐木從二人口又二，二天地也。

承天之時，因地之利，口謀之，手執之，時乎。大徐本引，无時乎二字。時不可失疾也會意。

徐鍇又於通論中重申巫意曰：

……人者天地之化也，力與天地並，故於文一偶二為三，天地之初，人實敘之，……人與天地同功，故巫成，故於文一祖縣按二一當為人口又為巫又。二之為巫汪祁本同，二當為人實敘手也。

極字之義由巫而來。若以三極為三才，實昧於字義。更不當以太極之極來附會三極。俞琰周易集說以三極之道言道之體，三才之道言道之用，欲解決三極與三才的分別，仍然枠格不通，極字當從管子弟子職溫恭自虛所受是

極注極其本原解。所謂極即盡六爻之動的本原。禮記大學君子無所不用其極，

注極盡也。極其本原。猶言盡其本原。審其本原。六畫之卦以六爻之動。提出三極

以盡天道地道人道之究竟罷了。三極是之變的規律。雖三極的名詞從繫辭

傳開始。猶是周初卜官的占筮的規律。至於三才完全是儒家所增的名詞。層

層增入。如乾之文言乾為天德。坤之文言坤為地道。豫之象出天道地道人

道益以鬼神後來京房創天易地易人易鬼易之說。〔見京房易傳下卷引孔子說〕與三才同屬不

經之談。許慎說文解字易偁孟氏。三云天地人之道。從三數不言三才。今易經爻

皆一爻動。二爻以上之動。易經所未及。左傳筮辭引周易十九則。一爻動者十六則。其餘

三則如昭三十三年傳。晉史墨對趙簡子問季氏出君。以大壯☰☰卦對。襄九

年傳穆姜薨於東宮。始往而筮之遇艮之八。史曰。是謂艮☷☷之隨。諸爻皆變。

惟二爻不變。昭二十九年龍見絳郊。蔡墨以乾卦六爻之變。結合坤之上六龍

戰於野。其實不過因有龍字。順叙之爾。乾卦言六爻之變。其他十六卦皆據一爻變立

說。因二爻變以上卜官所作爻辭所未及。二爻之變後人據洪範內卦為貞外卦為悔

立說。其實洪範係九疇。又叫九宮。與八卦異。八卦為六十四。洪範八十一。由卦而生並

非兩歧曆數度量衡。皆由九疇而生漢書曆志已詳言之間有錯誤。下一番

校勘之功。自然明瞭周代制禮亦本於此。禮記禮運云。

是故夫禮必始于大一

是明證但是禮家從來知其根。在醫家亦有爭論惜亦未能得其源揚雄的太玄。

即用九疇之理益以卦氣為排列之根至於三極惠棟周易述曰極中此殊非

據繫辭傳極的意義有三一為極其數之極二為夫易聖人之所以極深而研幾

也之極三極天下之賾存乎卦之極。何以極上加三名曰三極呢。三是據六爻立

説一卦六爻陰陽各不同動則變陰變陽而當位為極陰變陽而不當位為不極

陽變陰亦同所謂當與不當不能離位而言左傳昭十二年子服惠伯解坤之六五

謂事不善不得其極是言不得六五之極。極字之義得其旨總之三才之説惟繫

辭傳説卦傳及乾鑿度有之儒家混三索三極為一庶膚具説故許慎不采。

卜官所作文辭據象斷辭用的是説卦傳記錄的象以解釋卦辭爻辭的文字

似像卦辭爻辭的凡例但是説卦傳的文字同在一篇時代也有先后是卜官

的作品然文有脱奪附麗如萬物出乎震一節。坤无方位此是脱奪又如聖人

186

南面而聽天下，嚮明而治，蓋取諸此，此前後文氣不貫，此係儒家所附麗，與論語

衛靈公篇「子曰無為而治者，其舜也與，夫何為哉，恭己正南面而已矣」其說相同。

且此三句惟虞翻有注，吳書翻傳注引翻別傳，亦有此三句。蔡邕明堂月令

論亦引之。初學記二十五卷火、引應的風俗通。

夫火者南方陽光輝為明，聖嚮之而治，取其象也。

應氏未言引易，荀悅申鑒時事篇云：

天子南面而聽天下，嚮明而治，蓋取諸離。

荀氏亦未言引易。近出漢熹平石經，猶存此文，盧植議石經舛誤，疑亦此一事。又下

言象。是易傳中較古的作品，但此有竄入的文字，如兩出震為龍，而卦辭爻辭皆未

見。虞翻以兩出妄改下者震為龍之龍為駹，而駹亦未見，是三國時竄入的。

爻辭中的象，如乾為天，坤為地，今以天地二字概其餘，三極是之變的規律。

爻辭的變動，均據三極的規律來斷的。三極分天極地極人極，雖位與中的

不同，分別置於不同的爻位中，卜官所下爻辭中的天字，並不拘於乾卦，而指上

爻而言，地字並不拘於坤卦，而指初爻而言，和近取諸身，遠取諸物而言，如初爻上

爻是位。不是象所謂位者。乾之象所謂六位時成。亦即說卦傳所謂分陰

分陽迭用柔剛。故易六位而成章之位。辭雖言位。亦不能離象立說首

先攷查爻辭上爻所提出的天字。這是三極的規律的天極。

一、上爻直言天者。如

·大有上九☰☰☰ 自天祐之。

大畜上九☰☰☰ 何天之衢。

明夷上六☰☰☰ 不明晦。初登于天。後入于地。

中孚上九☰☰☰ 翰音登于天。

此四則爻辭以上爻為天位說到天字。初民時代。他們願望。在天時氣候和調。

大有上九變大壯王肅以大壯為盛。言年豐物盈牧民農民以為得天保祐大家

相慶祝之意卜官表而出之就大有大壯以描寫豐年的情景罷了而儒墨

二家所言的天字概念與卦爻辭不同。

繫辭大有上九自天祐之。引孔門的學說祐者助也天之所助者順也人之所助

者信也履信思乎順又以尚賢也是以自天祐之吉无不利也孔門此爻解釋對

於象、對於位皆不相合。而又以尚賢也更文不對題。以形而上學釋了。

大畜上九何天之衢。鄭玄注民為手手上肩也首肩之間荷物處乾為天民為徑

路天衢象也。後漢書崔駰傳注。鄭以何為荷易例上為天言天衢本不能步變坤為泰泰通

此道巳大行雖天衢亦何畏我何如字。

明夷上六不明晦初登于天後入于地不明之明明夷之明而有傷為

日食无疑不明即食甚晦此變民民止此而不明故晦古之言災異者以君失

其道乃入于地以災異之說混淆易理登天入地設辭而巳初登于天指日

未食後入于地指日食甚此爻昔人皆以紂為无道當之。

中孚上九翰音登于天禮記曲禮言祭品雞曰翰音登當為登。說文禮器此登、

月即肉俗祭登不分。毛居正六經正誤士奇易說。據說文鳥部翰雞肥。

翰音者此魯郊以丹雞祝曰以斯翰音赤羽去魯侯之咎說同俗通又謂古用以郊天。

故曰登于天以上位在上爻卜官據三極之變的規律下了以上的斷語作為爻辭。

二.上爻近取諸身者如

乾上九曰二二亢龍有悔。

189

屯上六☷☳泣血漣如。

比上六☵☷比之无首。

噬嗑上九☲☳何校滅耳。

大過上六☱☴過涉滅頂。

離上九☲☲折首。

咸上六☱☶咸其輔頰舌。

萃上六☱☷齎咨涕洟。

震上六☳☳視矍矍。

既濟上六☵☲濡其首。

未濟上九☲☵濡其首。

右十一則以乾為首之象內舉首者六八易卦辭爻辭无頭字。似以頭字較首為晚。

辭繫於位較言天者容易了解。卜官作爻辭皆憑公式守其位。繫辭.見如亢人頭

也。龍係設辭泣无聲出涕曰泣涕由目中流出目屬首視屬目同耳亦屬首頂、

頰也亦屬首輔頰舌亦為首之部分。

190

三、上爻遠取諸物者。如

小畜上九䷈既雨既處尚德載月幾望。

豫上六䷏冥豫在上。

遯上九䷠羝羊觸藩。

晉上九䷢晉其角。

姤上九䷫姤其角。

升上六䷭冥升。

上六則暑舉上為天位。小畜之雨與月言在天成象。又以坎為雨為月。至睽上九

往遇雨則吉雨為泰之假。冥言天之高冥豫馬融注曰冥昧也冥升釋文曰冥揚雄

太玄文以冥（北方也）　（直春也）（東方也）　（南方也）（首秋也）（西方也）　冥（位祖絲接揚雄不言方五者以配四方）（位與四季冥即中）

四季。又云冥者明之藏也似指天莊子逍遙游南冥北冥蕭綱注云宵冥無極故

謂之冥古人畏天而統治階級藉天以愚民冥謂莫蒼謂蚤（蚤即朝莫即暮古通但是）（禮記曲禮視日蚤莫其）

民不可欺視天夢夢（詩小雅正月篇文）蒼天蒼天（伯篇文）（詩小雅卷發於聲以懟无告）先秦典籍言

天者如書呂刑天齊于民。（偽孔傳天整齊）（於下民貴罰）說苑建本齊桓公問管仲曰王者何貴曰

貴天桓公仰而視天管仲曰所謂天者非謂蒼蒼莽莽之天也君人者以百姓

為天令管子无此文，此兩說較勝人為首物為角，角在首上瓶羊觸藩謂由角而觸也。

地之位在初爻而爻辭不言地字繫辭傳云在地成形又曰俯以察地理又曰俯則觀

法於地卜官根據形與理及法措辭與蒼蒼莽莽之天不同。故不出地字。

三極的地極規律是、

一、初爻近取諸身者。如

復初九 ䷗ 素履。

坤初六 ䷁ 履霜。

噬嗑初九 ䷔ 履校滅趾。

賁初九 ䷚ 賁其趾。

離初九 ䷝ 履錯然。

咸初六 ䷞ 咸其拇。

大壯初九 ䷡ 壯于趾。

夬初九 ䷪ 壯于前趾。

艮初六
三三三爻艮其趾。

歸妹初九
三三三爻跋能履，

二、初爻遠取諸物者。如

上十則初爻屬地位以人之足狀之，曰趾，曰拇言足之體，曰履，曰跋言足之用。

乾初九
三三三爻或躍于淵。

需初九
三三三爻需于郊。

謙初六
三三三爻用涉大川。

泰初九
三三三爻拔茅茹。

否初六
三三三爻拔茅茹。

同人初九
三三三爻同人于門。

隨初九
三三三爻出門交有功。

剝初六
三三三爻剝牀以足。　牀與坑同聲坑

大過初六
三三三爻藉用白茅。

坎初六
三三三爻入于坎窞。

三易新論

遯初九二三三火遯尾厲。

家人初九二三三火閑有家。

鼎初六二三三○鼎顛趾。

節初九二三三火不出門庭。

既濟初九二三三○濡其尾。

未濟初六二三三火濡其尾。

上十六則曰淵、曰郊、曰大川、曰坎窞、皆指地形，曰門、曰牀足、曰家、曰門庭、皆指地上建築物。可以安身第爲地上產物，鼎爲人頤養生之具，三足一足顛則傾尾，王鄭注尾之爲物最在身後者，此與首正相反，此初上兩爻的大畧，至二爻至五爻謂之中。中則爻辭述人事爲多。

若夫雜物撰德辯是與非則非其中爻不備。

以上言天極地極，至二三四五的爻。謂之中爻繫辭巳提出，謂

是二三四五的爻注重人道即三極之一。凡能動者是六爻之卦，不是三爻之卦，故於之爻曰六位時成，六位即爲六爻之位，又曰時乘六龍，龍者指變而言，變又由動

而說卦傳指出故易六畫而成卦又六畫之明證凡六畫之卦初

䷿臺臺五畫得陽爻為當位二畫四畫上畫得陰爻為當位又云位正當相反為不當

位卜官所作卦辭爻辭並未提及當位與不當位有之自象與象言位不當

者一歸妹象言十六履六三否六三豫六三臨六三噬嗑六三大壯六五晉九四

繫六三共九四萃九四震六三豐九四兌六三中孚六三小過九四未濟六三皆爻

之陰陽不當言位正當四履九五否九五兌九五中孚九五皆爻正當雖象與小象中

闡明位的意義其實卜官占筮視爻變動下斷的時候是根據爻位的當與不當作為

下斷辭的方法之一

三極是六爻之變的規律主要是六十四卦上下兩卦之變如乾初九變姤假定為地

上九變夬假定為天周易姤序九二變同人九五變大有假定為人周易同人大

有序九三變履假定亦為天九四為小畜假定亦為地履與小畜兩卦卜官所作爻

辭係結合人道為多或言內外卦聯繫之理坤同乾推屯蒙兩卦之爻變兩卦相

序惟六十四卦爻變或一卦自序或兩卦聯繫相序皆循周易相序總之三索是

三爻的之變規律三極是六爻之變的規律易經的爻辭據此立說的至於三才是儒

家思想混淆易理。這些應該辨別清楚。這樣易變的道理才能得到確解。

至於位與中的意義在卜官斷辭時,非用位與中不可。但未明言至戰國孔門儒家進一步發揮了位與中的意義。六十四卦爻爻當位。祇有既濟䷾卦,初九九三九五皆為陽。六二六四上六皆為陰。爻爻皆當位。未濟䷿爻爻皆不當位。初六六三六五皆陽位而居陰爻。九二九四上九皆陰位而居陽爻位。此既濟與未濟之大別。其卦在坎離兩宮。坎離者為坤乾兩宮中爻之變。周易之所謂中。即既濟與未濟中爻(即二五兩爻)之變。乾坤是孤陰獨陽。乾得離,坤得坎。為剛柔交而得生生之旨。即為乾坤得火水之功用。繫辭謂之天生庶生。又所謂天地之大德曰生。然總不能出乎其位。男為陽,女為陰,亦是位中之一字爻與小象屢言之。然不在初爻上爻,而在二爻五爻。三四兩爻亦間及之。其實與中爻有關。王弼舉例得其偏,未能得其全。

是故雜物撰德,辯是與非,則非其中爻莫之備矣。

而明象云。

互體不足,遂及卦變,變又不足,推致五行,一失其原,巧愈彌甚,縱復或直而

義元所取。蓋存象忘意之由也。

王弼此說正合漢人易注之弊，互體即中爻存象忘意，與上文得意在忘象得象乎。

在忘言自相矛盾辯位云，

按象无初上得位失位之文，又繫辭但論三五二四同功異位。亦不及初上何乎。

王弼不知初上无位，是指中爻。不是說六十四卦的初上兩爻。故辯位一篇謂之又謂。中爻主要在於乾坤既濟未濟四卦。擴而大之。仍生生无窮，周易各卦以二五兩爻為中，乾坤兩卦的文言發揮中字這是儒家的言論離易已遠，例如九三重剛而不中。上不在天，下不在田。九四重剛而不中。上不在天，下不在田中不在人語相矛盾。凡卦三四兩爻皆以人事立說。而二五尤切。不如以中爻作中爻解。可以貫通易理。如屯之九三。惟入于林中。中在九三與重剛而不中之說有矛盾。又復之六四。中行獨復。小象說中行獨復。以從道也。豐之九三日中見沫。九四日中見斗。小象說日中見斗幽不明此。泰之六四小象說中心願也。此前后有矛盾。可見易傳解釋卦爻辭說有矛盾。後人謂十翼係孔子一人所作，看十

翼所說。矛盾處很多。可證非一人一家所作。但其中有孔門的說法這是无可否認的。繫辭傳說。

八卦成列象在其中矣。因而重之爻在其中矣。剛柔相推變在其中矣繫辭焉而命之。動在其中矣。

八卦成列言三畫之卦。說卦傳所言象皆指三畫卦而言因而重之指六爻之變。即指三極的組成而言爻有等故曰物。剛柔相推即指變而言變在何爻。即知何位變。此云繫辭指爻辭所繫之辭。故曰動在其中矣。因動者尚變。爻變和動三者與位是分不開的。至中則說无定例。其實九五與六二為中總之三極是六畫卦之變的規律。三極規律卜官運用位和中的方法以斷變化的象。但是卜官所運用的三極規律。其中采取位和中的方法這和儒家發揮的位和中的思想。有顯著的差別(如文言傳的釋位和中)因此重言以辨明之。

第十三章　周易新論四

漢宋以來治易者取說紛紜互相攻伐莫衷一是尚有四事一為古易二為訓詁三為句讀四為聲韻此四者是治易的基礎如不董理清楚必盤桓見七卦難進了荀子勸學篇有言學也者固學一之也一出焉一入焉塗巷之人焉其善者少不善者多雜紆盜跖也全之盡之然後學者也乃知學在初九

全盡不全盡无以明之墨子非攻上篇有言今有人于此少見黑曰黑多見黑曰白則此人為黑白之辯矣少嘗苦曰苦多嘗苦曰甘則此人為甘苦之辯矣墨子此言雖與易理无關然自漢至今就易論易載籍如毛黑白甘苦辯而明之治易者之首要事焉

九、古易考

何謂古易古易不過經傳分篇罷了對學術上原无關宏旨自漢費氏學興以象象繫辭十篇文言解說上下經鄭玄合傳於經王弼從之實便於初學例如讀乾卦之卦辭爻辭經傳未合以前以象以大象以小象以文言讀時當

分四次手續，而鄭氏合而為一流覽一遍就可了然，无遺漏之弊故魏晉至北宋

皆因之便於研究，但是至宋復古的風氣復熾元祐時呂大防始創復古易之說，

晁說之薛季宣程迥吳仁傑呂祖謙繼之晁說之有古周易，呂祖謙有古易十二

卷，音訓二卷，原書已佚，音訓載董真卿周易會通，清代喇蘭性德通志堂經解

中胡鳳丹金華文萃金華叢書所載呂祖謙古周易實劉龍叜周易會通中語殊

无與義，清人治周易，如惠棟僅以古易為鳴高，以為治易當如此，何楷古周易訂詁，呂

祖謙書晁氏古易後云。

近世嵩山晁氏編古周易，將以復於其舊而其列補離合之際，覽者或以為

未安，祖謙謹因晁氏書參考傳記，復定為十二篇篇目卷帙，一以古為斷。

其說具於音訓云。 今音訓无此文，想已佚。

呂氏此說朱熹承之熹子鑑亦師之。朱熹書嵩山古易跋後云。

按晁氏此說與呂音訓大同小異，蓋互有得失也。先儒雖言費氏以彖象

文言參解易义， 祖縣按此說失體，解卦解彚非參解爻辭，然使不言其分傳以附經也，至謂鄭康成始

合彖象於經，則魏志之言甚明。 祖解按見三國志費氏本紀至詩疏亦云漢初為傳訓者皆與

易學經典文庫

經別行，祖孫授見正義謂為三傳之文，不與經連，故石經書公羊傳皆無經文，而鄭融纂始合傳於經云。

文志所載毛詩，故訓傳，亦與經別，及馬融為周禮註，乃欲省學者兩讀，故具

載本文，而就經為註，馬鄭相去不遠，蓋傲其意而為之，兩故呂氏於此義為

得之而罷氏不能無失，至罷氏謂初亂古制時，猶若今乾卦象象并擊卦象。

而卒大亂於王弼則，說原於孔疏，而呂氏不取也。

朱氏此說崇呂而抑罷，其實无分高下，古時本經傳分列，如詩經與毛詩傳亦經

傳各自為篇，詩正義謂馬融合傳於經是明證，先子自得齋雜著有羣經與傳並

列考云合傳於經省學者兩讀，不至膜隔，詩書易春秋，先儒已提要言之，儀禮鄭玄目

錄有云大小戴及別錄此皆第義，雖經傳不並列學者皆可循序而修業焉需襲

服一篇列入子夏傳。大戴禮夏小正亦有傳，至周官有經有傳，古今治經者，咸

未能致意漢書藝文志周官經六篇周官傳四篇，有二疑問。一疑四條六之謂四、

說文古文四卯六篆文中謂入為口二疑四下有脫文為四十餘篇與今本篇數

不相上下，蓋周官言某官之屬者為經，某官之職者為傳，亡其冬官傳亦隨之而

佚其經其傳界限分明，為後人所未道樂則經亡六學巳缺其一學術之衰在

秦漢之際，惟易未遭燔，後人臆解，失其本質。卜人所作卦辭爻辭，辭義深奧，後

人作象以解卦辭，又作大象明一卦之用，故又着一以字。以者何，以體易而

用之。如作小象以解爻辭，皆係韻文。三者文各有體，不能謀合史言孔子晚而好

易，讀之韋編三絕，而為之傳。蓋孔子集前人之易說，編成象、大象、小象三者而

已。即以象言之例，如乾、坤、益三卦之象辭，少概其他六十一卦，文亦異體，可知孔子

集說，不倡於一家言，可證孔子又加以己意，而成象、大象、小象三種，象則解釋卦

名，合於訓詁。然，亦有後人附益者。朱熹周易本義，對於象以卦體卦德卦象三者，

釋卦名、卦辭，又有以卦變釋之者，如訟。如隨、如蠱、如賁、如大畜、如晉、如睽、如蹇，

如解、如漸十卦。又有一爻變，以釋象，如明夷象云，以六五一爻之義釋卦辭。

此係朱熹所創獲而未舉定例，使學者反增疑義。朱熹晚年又服膺呂東萊之

說，竟言古易。對於易昔是退而不知進，若以經傳分列爲古易，遂以爲古易，寶失古

字之義。漢書藝文志，有以經傳分列爲古易殊失其本，鄭康成合傳於經，以便讀

覽。所謂雜，如易緯之類。若以經傳分列經傳乃是不守家法，更不足取。

202

朱熹書臨漳所刊易後云。

右古文周易經十二篇亡友東萊呂祖謙伯恭父之所定而音訓一篇則其門

人金華王莘叟之所筆受也……莘叟蓋言書甫畢而伯恭父沒是則

固宜而亦不敢補也為之別見于篇後云。

朱熹此跋說明音訓一篇其實王莘叟乃取之晁說之者熹子鑑呂氏音訓

跋云

先公（先公指朱熹）著述經傳悉加音訓而於易獨否者以有東萊此書也（下畧）

朱鑑以音訓為呂祖謙所作與音訓為王莘叟之所筆受說異然細繹晁

氏之說即為呂氏所剿襲者實不直識者一笑清代宋咸熙致力呂氏古易

音訓其序未免夸張二卷中僅有陸德明晁說之兩家之說而呂氏僅有上

經案。都一百七十五言內有詰晁氏云。

近世晁氏編古周易乃合而為一且謂後人妄有上下經之辨。何其考之

不詳歟。

今罷氏原書雖佚。而見於周易會通者。可證罷氏以經上下分卷為妄。是并以俗

說十翼為妄矣。惟從呂大防崇古易不獨守舊而已是罷氏之所短呂氏詰語未免

武斷昌氏音訓。象上傳象語都四百有三言象上傳象語一百二十五言釋繫辭七十

方言繫辭上傳三百八十九言。下傳二百八十二言言諸家分章不同文言傳六十九

元者善之長一句。象語一百七十三言說卦傳一百七十三言序卦雜卦无象語皆

陳陳相因殊无闡發之新理。清代治漢易者更變本加厲如清同治四年金陵書

局開雕朱熹周易本義寶應劉世讜從呂氏經傳分列梓行分十二卷每卷之末附以

陸氏釋文罷氏古周易名呂氏音訓即為宋咸熙所輯古易音訓惟不題宋氏爾宋氏輯

本序。有謬處宋序云。

易釋文有明監注疏本及汲古閣通志堂雅雨堂 附李氏抱經堂諸本而多
（易解俊抱經堂）

誤。惟此所載與葉石君影宋鈔本合。

宋氏此說似未見盧文弨所刊經典釋文盧氏刊本在乾隆五十六年。嚴元照為

宋氏古易音訓所撰後序。在嘉慶四年。相距不過八年。同為杭人豈有不見盧

氏刊本宋氏自序。亦提出抱經堂本奈全與盧氏序文相左盧氏序邃影鈔者

非善本，此其一。廬氏刊本有馮班馮班即葉萬陸龍其跋馮云，葉林宗購畫

影寫一部，凡八百六十葉。……崇禎十年歲次丁丑寫畢越十四年二月上黨馮

斑識其後。不云葉石君影寫丁丑後十四年為辛卯，即魯監國元年。馮氏不言

石君影寫，此其二葉萬跋此書從兄林宗借絳雲樓藏本景鈔書工謝行甫也余

幼時曾為之較勘至乙巳，疑康熙四年。林宗死所藏宋元刻本並抄騰未見之書盡為不

肖子孫散佚，燃稿橦往往見之惟此書幸存。因而留之（下畧）尾署葉萬下印章

二葉樹原印又石君為此書林宗所影鈔之鐵證。林宗事蹟无考。石君吳縣東山人流

寓常熟見蘇州府志，吳縣志，常昭志，及金友理太湖備攷補遺諸書。葉樹廉太湖備攷

本印章皆宋氏以林宗作石君。此其三陸龍其跋云辛酉。康熙二十年。作樹蓮馮其收藏

子石君以家藏抄本示我始獲睹德明本來面目陸氏行文主篤實不尚辭藻其說

可信陸與石君為友而云石君家藏抄本與宋氏云葉石君影寫宋鈔本不合此其四以

馮葉陸三家跋語證之真是乾文言所謂上不在天下不在地者近是總之非極深研

幾時然後言可免隕越之譏而宋氏輕率下斷，而未能讀盧氏刊本其錯誤如此

總之鄭玄以采象文言合經實予讀者之便利而呂大防以後古自任至呂祖謙輩更大

張其說，至清時漢宋兩派，咸主張古周易以鳴高，反使易學停滯不進，余認為古周

易是後古派的逆流，對於易學研究，關係不大學者知其演變乾可以矣。

十 訓詁舉要

凡未訓詁站卜官所作卦辭爻辭是有根據的，並不是憑空杜造，他們根據什麼呢。

是根據象數位中心者來下斷的，象說卦傳猶有記載這是原始的朴素對宇宙

現象的概念，數即繫辭天一地二之法，是原始對數的概念，當然是粗淺的，但並不是

那那空憑經世的數，如果把極經世的數以為數，那是錯了，位即是繫辭易有

大極，是所說憑爻的初上等來斷的，就是中爻，如果能據象數位中來解釋卦

辭爻辭更可一目了然，這象數位中是卜官作卦爻辭的基本方法，爻變而

輪上下兩卦的次序就是一種變化，發展為另一種變化的形式，是有規律可尋的。

蓋數與位實不能分離易的公式重在位，位即是位 64 32 16 8 4 2 1 的數字就是位

不能脫離數的應用重在推理和計算，這就是受之以定例，爻變的公式與

數學相同，具有原始的數學推算規律，治漢易者不解象數位中的規律，治宋易強

以性理來談易，把周易的原理他卻九霄以外，故用力多而成功少，清人焦循、李銳、沈

易學經典文庫

善登晚近杭辛齋輩能以數學解易，然重視經生不屑為疇人，仍舊兩相隔離有人云象數位中四者他的條理為什麼卦爻辭中雙字不提呢象與小象中已揭出至數繫辭亦揭出鄭玄荀爽陸績三人對四者已有所論述惜先具體的論據而虞翻則偏於位。因此訓詁不明耳易之訓詁前人訟說紛紜者有附會新說者。如明夷六五箕子之明夷乾鑿度云。

高宗明有法也。

孔子曰易本陰陽，以譬於物擬序帝乙箕子高宗著德……言帝乙箕子

據此箕子是人名漢人趙賓以為箕子。即明夷陰陽氣亡箕子箕子者萬物方茲滋也趙賓云受易孟喜喜為名之後賓死莫能持其說喜因不肯仞此以不見信可見在漢時四家博士的易說。阿悅人主為主因此不守易的規律孟喜又尚詐誣趙賓投其所好造作異說以炫世清代惠棟尚持賓說。不覺其非，此亦訓詁中不能不糾正的一事。

也有不明假借者。如明夷六二明夷夷于左股釋文夷京房作睇乃是假借睇說文未出即睇字子夏傳作睇。睇旁視也鄭玄陸績同子夏傳惟睇字亦无義左股九家易

鄭玄皆如字姚信作右股馬融王肅改股為般禮記曲禮正義引鄭玄以爻辰為

鄭玄據繫辭仰則觀象於天以入十二爻創新說與史記天官書相合在周易僅是一指其

實明夷六二之夷不必假借為睇股當如字不必改股左不當寅右夷傷也左股據說

卦傳而斷兔為毀折毀折傷也故曰夷于左股此爻聞一多周易義證類纂合六四言之

因一爻之義若連釋之似失其例又闡明文選七命注引作股外也蓋對文內

四股外曰骭散文骭股通也就易言易似象言文王以之箕子以之有當時史事惟不能

確實證明故用以之二字後人謂此爻言糾為无道文王猶牽畔股之諸侯朝糾的史

事據大沉故下文言用拯不過爻辭中用假借字是不能免的明夷初九明夷于飛句明夷兩

字實係假借明夷當是鳴鵝古鳴與聲名義同謙卦六二鳴謙王弼注鳴者聲聞之謂

也春秋繁露深察名號鳴而命施謂之名又名之為言鳴與命也釋名釋言語名明也名

實使分明也皆可證古字通用夷疑鵝之假借說文鵝胡汙澤也从鳥夷聲或从弟尔疋

鶬鶄注今之鵁鶄也好羣飛沈水食魚故名澤虞俗呼之為淘河邢昺詩者係曾之鵜

維鵜在梁陸機機疏云鵜水鳥形如鶩而極大喙長尺餘直而廣口中正赤領下

明大如數斗囊若小澤中有魚便羣共抒水滿其胡而棄之令水竭盡魚在陸地乃共食

故"沙"與"洲河"媯惌鳥，似喻紂，此爻從宋注釋感，從飛和翼，皆以離象鳥，莊子外物魚

鼓"納"小散鵜鴣，淮南子齊俗訓鵜鴣飲水數斗而不足，爻言紂之惡，如鵜之涸澤而

漁也。其繠為進字的義，君子于行，似指微子去殷三日不食，痛宗社之將亡，擬象以文

其子以之，此後人擬辭，此爻當係殷周之際的史事。然已不能考證了。要之治易必明

假借之例律，以象數位中，才能貫通。

易卦爻辭言中與十翼儒家言中的概念。絕不相同。易之訓詁莫古於象，象辭解釋六十

四卦卦名，惜於訓詁之外又加上尊王為前提。與荀子儒效王制之說相同。以中事中說為

要旨上爻下爻，除訓詁外全是儒效王制的化身。至大象則言王者之政王者之人王者之

制王者之論王者之法，荀子推重子弓，可證子弓為驥脅子弓无疑。在六十四卦的卦辭。

已記載封建的史實，如屯之利建侯，豫利建侯行師，晉康侯用錫馬蕃庶晝日三接塞。

利見大人共揚于王庭，萃亨王假有廟利見大人，升用見大人勿恤困大人吉无咎其

利見大人渙王假有廟而象辭又擴而充之與荀子王制篇相類至大象小象筆法與象

辭不同，大象全言王制，小象則言易例，益以王制象與大象小象三者措辭不同決非出于

一人之手可證即以彖而論。乾坤益三卦與六十一卦不相同。可見彖辭亦有多家。

治訓詁據易傳論證應詳加辨析始能迎刃而解。

漢時四家立於學官施與梁丘臾詁已佚許慎說文解字易偁孟氏孟氏之說尚

可在說文得其義後世孟京並稱乃京氏創異說以依附孟氏爾至京房喜巁

字既不足以為典要且殊於大義弁漢費氏易與易亦佚馬融鄭玄習之以訓詁

為尚惜有亡佚（馬氏易、余有疏證三卷。）鄭氏易有王應麟輯本後經姚士粦惠

棟丁杰臧庸張惠言等補訂校正但是鄭氏初習京易後習費易師出多門故說庞雜。

在讀辭明辨之可也至四家上說各立門戶其於訓詁未得其皆考尔足分篇之

義詁通古今異言訓則作形貌異言不過文字之雷同訓則有形訓聲訓之別如乾

為天坤為地也依形立言坎隘也又坎為險離麗也此依聲立訓又離為言麗則兼形聲

而言此訓易之例也。

古書多錯簡脫簡周易未經秦火比較完整漢書藝文志云。

劉向以中古文易經校施孟梁丘正經或脫去無咎悔亡唯費氏經與古文同。

顏師古注。

中者，天子之書也。言中以別於外耳。

中古文易經猶言皇家所藏古文易經。周禮宗伯天府，凡官府鄉州及都鄙之治中受而藏之。鄭司農注云治中謂其治職簿書之要。又司寇小司寇歲終令群士祖縣及眾士祖縣按大司寇，凡庶民之獄訟以邦典之注。故書讞為讞。鄭司農云讞當為讞。邦成謂若令時決事比此讞之斷其獄訟此。故春秋注斷獄成見大宰。

傳曰榮獄邦侯鄭玄即刑官。計獄弊訟。

顏注中者天子之書也。說皆膚中當作天子藏典籍之處為允。後漢書伏湛傳登中于天府。江永周禮疑義舉要云。凡官府簿書謂之中與中書注內中之書此方諦。可證劉向校書時易經訓讀差異不大。陸德明經典釋文云。

賁直傳易授琅邪王璜為賁氏學。本以古字號古文易。無章句。徒以彖象繫辭文言解說上下經。漢成帝時劉向典校書考易說以為諸易說皆祖田何楊叔元丁將軍大義畧同。唯京氏為異向以中古文易經校施孟梁丘三家之易。或脫去無咎悔亡。唯費氏經與古文同。

无咎悔亡脫與不脫无關宏旨費氏易學以彖解卦辭以小象解爻辭文言祇解乾坤二卦。例如繫辭中鳴鶴在陰其子和之我有好爵吾與爾縻之。中孚九二爻辭同人先號咷

而後笑。同人九五爻辭。初六藉用白茅。大過初六爻辭。勞謙君子有終吉。謙九三爻辭。亢龍有悔。乾上九爻辭。不出戶庭无咎。節初九爻辭。易曰負且乘致寇至。解六三。舉此七者闡明以言者尚其辭。

又動者尚變。故特別揭出之曰。

擬之而後言。議之而後動。擬議以成其變化。

(四)擬曰議曰擬議乃於每爻爻辭的特徵。是古人對於宇宙變化觀察客觀存在的事物。擬議下斷的。惟卜人觀變從卜筮上擬議而作繫辭者。把七爻的擬議之辭。以形而上學釋之。對於言者尚辭。動者尚變。沒有肯定的解釋。漢人訓詁也沒有跳出這個範圍。李鼎祚集傳。引虞翻的訓詁多曲說。清人有勤襲虞說而不加判斷。這是不對的。

繫辭形而上形而下兩說。形而上之謂道。繫辭引爻辭十一則以明之。一、憧憧往來。朋從爾思。咸之九四。二、困于石據于蒺藜。入于其宮不見其妻凶。困之六三。三、公用射隼于高墉之上獲之无不利。解上六爻。四、履校滅趾无咎。噬嗑之初九爻。五、何校滅耳凶。噬嗑上九爻。六、其亡其亡。繫于苞桑。否九五爻。七、鼎折足覆公餗其形渥凶。鼎九四爻。八、介于石不終日貞吉。豫六二爻。九、不遠復无祇悔元吉。復初九爻。十、三人行則損一人。一人行則得其友。損六三爻。十一、莫益之。

或繫之立似勿恒凶。蓋九三以解形而上之謂道，與一陰一陽之謂道不同乃以性理說易的張本。至於說卦傳窮理盡性以至于命，此理性命三字漢人亦无的解。鄭玄謂言窮其義盡人之情性以至于命吉凶所定其說亦膚至清段後昌周易補注卷三十。云命告也窮六十四卦而盡各爻陰陽之性以吉凶告所謂知命段說雖有道看處性為各爻陰陽之性是也。理字當指卦韓非子解老理者成物此父如燦長大小方圓堅脆輕重白黑之謂理。此乃理字確解。理是對比的指上下兩卦吉性指本卦，如乾坤或兩卦聯繫陰陽的衝擊。命字段氏釋為告雖據爾雅釋詁對此實非真諦當從韓康伯注命者生之極窮理則盡其極也。但是韓這有窮理而不及盡性若云窮理盡情以至於極。義方允。

形而下之謂器繫辭提出十三例全據卦辭不引爻辭以象數位中立說這是朴素的唯物觀點和自發的辯證法思想表達對客觀自然規律的認識自漢以來。雖馬融鄭玄陸績虞翻有說皆拘家法未窺全豹也。卜官所作卦辭爻辭以訓詁解釋者在卦辭可據象辭序卦雜卦二傳所言未龍象辭語漢時四家博士之治易各逞異說以鳴高未能闡明卜官繇辭象

敕位中之義。自王弼解易。在唐代尊老子。以王弼事老易。乃尊王而黜鄭孔穎達正義係奉敕所製之書而文字中有采鄭而抑王陸德明著經典釋文雖以王弼注為藍本蒐集自漢至隋諸家。以證卦爻辭。惜述而不詰後人讀釋文咸有何趣何用從之慨。不知此係陸氏之苦心。詰則有違功令。故以此種體裁出之待學者自悟其用心良苦。這是當時歷史條件的限制。然釋文譌處亦多已有盧文弨考證但是盧氏之說也。有譌處繼陸氏之後者宋元豐間有盧說之以其時言易皆空談性理又編古周易。作音訓補陸氏釋文之闕盧書雖佚董真卿周易會通載之。見通志盧氏之書。以李鼎祚易傳為主益之以唐劉知幾陰弘道徐邈一行陸希聲。宋玉沐王昭素等說至清宋咸輯名呂氏古易音訓李富孫李氏易解膽義搜羅薈萃皆有勝義宋人朱震上易傳叢說元人董真卿周易會通亦有可采。清人徐文靖經言拾遺惠士奇易說其子棟九經古義經解本潚甲集有周易古周易述多節刪竄改當檢原書。江藩周易述補。江氏亦喜李林松周易補輯李氏校江藩為勝王引之經義述聞。內周易俞樾群經平議鄭戴南愚一線杭辛齋易學挹訂僅限於一字一句的解釋。班固敘傳述儒林傳有言是綜是理是

214

綱是紀，師徒偏散，師古注散也。適用於治易的訓詁的，王充論衡正說篇，論五經之失實，開宗明義曰，儒有說五經多失其實，前儒不見本末，空生虛說，後儒信前師之言，隨擋述，故滑習辭語，其結論云，經之傳不可從，五經皆多失實之說，王說是也。

江瀋經解入門云。

六朝經學之書散佚畧盡，惟經典釋文巍然獨存，前此止作音義，惟陸氏兼釋經義，前此止音經，唯陸氏兼音注，體裁獨別於諸家，故為不刊之典，其中周易音義最為精博，雖以王為主。祖縣按，江氏此說，大有語病，唐以李耳，房孟喜馬鄭劉表荀爽虞翻陸績王肅董遇姚信王廙干寶蜀才黃頴旁及九家張璠集解萃十餘家於兩卷之中，視李鼎祚尤簡而該。祖縣按江氏此釋文所引上列諸人皆出集解，窺其徵意，似嫌王注空虛。說亦有語病在江說允惟江氏未及朱震晁說之，此其失也，易之訓詁當合句讀音韻，一併研究，方能明瞭。

十一、卦爻辭異讀舉正

漢書藝文志章句施孟梁邱氏二篇言三家各有章句，二篇今皆亡佚，惟孟喜章

句，許慎說文引易稱孟氏，尚可擬議。（余別撰周易孟氏章句，後以象象繫辭十篇文言解說上下經。陸德明經典釋文載孟氏章句十卷。京房章句十二卷費氏章句四卷隋書經籍志畧同，惟京房章句相亡，即無章句。氏嘗得其大要。漢書儒林傳載費直高傳十卷，後出轉增卷帙繁多，殆後人有所增益，且費直章句，七錄云殘缺盧文弨釋文考證據漢書云無章句，則此亦後人託作，盧說允。李鼎祚周易集解所永諸家章句已是傳注述解四者並舉漢時卦爻辭的章句各家已有不同，余靡得詳焉，後人以章句即句讀，非是，兩者有別，句讀不容游移，兩可，句讀正不致誤解。

但漢時四家博士已各持家法，互相駁難，如漢書朱雲傳載折服五鹿充宗之類。

是其明證。

從漢代以來易學聚說紛陳，莫衷一是，原因很多，句讀分歧，乃關鍵所在，因為句讀有異內容當然兩樣了，根固然後枝葉茂盛，句讀是治易的基礎，若句讀不明末能董理清楚，那就無法循序深入研討思想內容了。

易經句讀自漢迄今各持一說見仁見知實有何趣，何從之感，如漢京房之易，就和孟梁丘三家不同唐孔順達周易正義，陸德明釋文，郭京周易舉正等書皆揭舉句讀。

晁說之古周易雖佚，見宋咸熙所輯的呂祖謙古易古訓所載，句讀則從釋文清

王夫之周易內傳周易稗疏惠棟九經古義周易述頗重句讀。江藩經學入門舉

而不正王引之經義述聞武億經讀考署補經考署諸作皆致力於審訂句讀令

在前修研究的基礎上進一步加以是正。

漢宋至今句讀分歧究竟應以何者為準繩呢。我認為周易的卦爻辭是殷周之

際太卜所編纂的。編纂卦爻辭的目的為了便于占筮之用。既然為了占筮太卜寫

定卦爻辭的依據必有一定的方法初步的考證太卜對卦爻下的斷語是依據象

的觀象的陰陽變化即陰陽兩種元素的矛盾沖擊發生變化下吉凶的斷語這

就是繇辭。太卜依象造辭象即包含象數位中四種方法以制定

卦爻之辭因此據象以辨卦爻辭的句讀。始能得淄澠之辨不致莫衷一是了春秋

戰國的易學家一改占筮的載籍闡發成為研究哲學思想重要圖書。但繫辭

傳還說。

易有聖人君子作之道四焉。以言者尚其辭。以動者尚其變。以制器者尚其象以卜

筮者尚其占。

雖把易理進一步闡發。但是尚占應先觀象觀變。知陰陽之變始明造辭之理太卜之法。還有些保存着此。可證審句讀必須依據象。可是象數派的易學家。專在象數中兜圈子造成煩瑣的現象易理反弄胡塗了。而理義派又全棄象數。隨意立說。故弄玄虛此愈說愈遠了。近人又有不主象數不涉義理以句稽史料為目的。矯枉過正難窺全豹。因此訂正易經卦爻辭的句讀。應根據太卜依象造辭之法。作為準繩這樣不致黑白混清无所適從。

例如履卦爻辭它的組成是

卦辭　履虎尾不咥人亨。

爻辭　初九素履。九二履道坦坦六三履虎尾九四履虎尾九五夬履上九視履考祥。

履之六爻太卜定辭是據象數位中立說的。依象位的現象定下繇辭的據此。吕氏春秋慎火覽引此作想想履虎尾終吉與今本履虎尾想想終吉句讀各異若依象而言乃失其序當以今本為是戰國時易學家以象象釋卦爻辭雖以儒家思想闡明易理但尚存象數位中以訓易卦爻辭的方法近人認

易學經典文庫

為經與傳時代不同，不可混淆，這點沒有人反對。但是傳是釋經的，其中有部分

采取前人成果，有部分滲入后人的思想，這應認真考辨，若用一棍打死的方法生硬

割裂，就无法深研了。

茲舉卦爻辭異讀，各家訟說莫定的訂正如下。

君子終日乾乾，夕若厲无咎。乾九三。

此爻異讀有五

一、君子終日乾乾夕惕若厲无咎。淮南子人間訓，陸德明釋文。

二、君子終日乾乾夕惕若厲无咎。罷說之古周易，惠棟周易述。

三、君子終日乾乾夕惕若厲无咎。江藩經學入門武億經讀考畧引。

四、君子終日乾乾夕惕若厲无咎。江藩引。

五、君子終日乾乾夕惕若厲无咎。閻若璩困學紀聞箋。

漢唐舊讀以夕惕若厲為句。如淮南子人間訓，漢書王莽傳，說文風俗通，後漢書謝

夷吾傳注書問命正義以及荀爽干寶諸注引易皆以厲斷句。以厲為句，漢碑此例甚

多。說文讀若易夕惕若厲，雖言骹讀若惕。不過舉音讀而已，小徐本說文又脫讀若兩

三易新論

字。更啟后人之疑耳。惠氏祖孫。楊周、以厲當作寅。王念孫父子。見王引之開立五證以明其

非段玉裁說文解字注。亦譏惠說之失。是也。釋文厲作危。解爾雅釋詁。以文言兩言雖危

无咎王夫之云厲危也。凡言无咎者。並宜若有咎而无之也。內傳。易皆非確說易經凡舉厲

者。卦辭一處。爻辭二十三處。易之斷語見於繫辭者有吉凶悔吝无咎五者。惟不出厲

字。則厲非斷語可證。漢書儒林傳。以厲賢材。注厲砥厲也。與說文厲旱石也。說合因

厲石有砥厲之功。砥亦作底。言旱石精者為底。粗者為厲。詩大雅公劉取厲取鍛言

人能曰乾夕惕厲不已。可以无咎。是當夕惕若為句。厲无咎為句。復六三睽九四並作

夕惕若句王夫之闉若璩說允夕惕表態狀語。若助詞。觀有孚顒若。離六五出涕沱若。

戚嗟若豐六二有孚發若史巫紛若節六三不節若則嗟若皆以若斷句。其例正同。

坤元亨利牝馬之貞君子有攸往先迷後得主利西南得朋東北喪朋安貞吉坤

此爻異讀釋文坤元亨利牝馬之貞惠棟從之有以坤元亨利牝馬之貞。見

德引兩家斷句皆非是乾元亨利貞者係段周之際太卜占筮用的術語觀象以

定四者之術四者應分讀易傳左傳始以元亨利貞四者作為四德解這是

后起之義。此當句讀為坤。元、亨、利、牝馬之貞。程傳及項安世周易玩辭。雖以

牝馬之貞為句。惜不解元亨利貞之義。仍以四德立説。説尚未允。

先迷後得主利句。有以先迷後得主利三夫之患。棟主之有以先迷後得主利。

孔穎達正義主之當從程傳朱熹本義。先迷後得主利為是。此利當據繫

辭傳變動以利。作為利害解。如利有攸往不利有攸往是其例凡太卜遇

乾兑之象。即以利象為斷。

武億謂文言后得主而有常。則主字絕句。又寒利西南解利西南。則利字屬

下文可舉証。丁壽昌讀易會通以利字當自為句。皆非是。程傳朱熹本義

雖以主利為句。未能闡明。按主利兩字。疑周代習語。考周禮冢宰以九兩

繫邦國之名。六曰主以利得民。此言主利即周禮主以利得民之謂也。

直方。

大不習无不利。坤六二

此爻舊讀皆以直方大為句。史徵口訣義習生物不邪。直也。地體安厚方

也。无所不載大也。朱熹本義此非是。其實直方為句。與坤之六爻履霜相

含章、括囊、黄裳、玄黄、皆叶。可證。大當自為句。聞一多周易義證類纂據

221

熊氏經說象文言皆不釋大疑大字衍認為大即下文不之諤衍說也未諦

象六二之動直以方也文言敬以直內義以方外皆不及大字這僅說明

直方當為句耳且文言又云敬義立而德不孤直方大不習无不利則不疑

其所行也可證先秦古本也有大字考諸於象此爻陰陽沖聲在二爻由

坤陰變坎陽其象有陽故訓大荀爽云大者陽也舊訓如斯頗為的解

磐桓利居貞利建侯　屯初九

此爻有二讀一磐桓利居貞利建侯二磐桓利居貞利建侯當以後者為是

武億云考魏明帝徵管寧詔磐桓利居又以居字為讀貞字另為義不與

居連文按三國志管寧傳詔青州刺史曰磐桓利居高尚其事係行文用四

字為句耳其文又云雖有素履逸人之貞則用履初九素履九二逸人貞吉連

綴成文不足據也磐桓與六二遭班韵叶可證磐桓為句虞翻云得正得

民故利居貞漢讀如是可以取則

即鹿无虞惟入于林中君子幾不如舍往吝　屯六三

此爻異讀有二有以義字為句有以君子幾不如舍為句淮南子繆稱訓

引此爻高誘注云即就也鹿以喻民虞欺也幾終也就民欺之即入林中義

終不如舍之使之不終如其容也高誘以君子幾不如舍連讀為句其說

膚"鄭玄改幾為機王肅改鹿為麓致異義橫生矣此爻當以幾字為句幾即

繫辭傳義者動之微吉之先見之意高誘以即訓就是也廣雅釋詁同虞翻

云容小疵也說文舍與遊通作難行解是也此爻言逐鹿而沒有虞人作

嚮導鹿遂竄跑入叢林之中无法獲得了君子見了這種現象不如捨去假

使跑進林中這是容象徒勞无獲的。

需。有孚光亨。貞吉。利涉大川。需

馬融鄭玄虞翻王弼皆以光亨貞吉為句。釋文光先師讀絕句亨貞吉

一句以上兩種句讀不妥當應光亨句。貞吉句。王引之經義述聞以光訓廣

大光亨猶大亨也此說對的貞即貞問此爻占筮得吉之兆吉字係斷辭。

釋文一讀有孚窒惕中吉終凶利見大人不利涉大川。訟

訟。有孚窒惕中吉。闚一多非之是也。闚以窒惕雖又聲連語不分

二義舊均誤以窒與惕字各為義此從王弼說以有孚句窒惕句中吉句。惠棟

句讀繁同。有爭句中吉句。其說甚巽。王弼注云。能惕然后能中吉可證中

吉為一句。惟窒惕同義。開說非當虞翻云窒塞止也惕懼也則窒當

一字為句。惕當一字為句。孔穎達正義同說文窒塞也塞即不通呂

氏春秋盡數篇虞鼻則為斃為窒注不通也淮南子兵畧訓注訟公也訟而

不通不能公正則終凶也可證窒惕二義當各自為讀考窒吉叶當以韵

斷句。

不克訟歸而逋其邑人三百戶无眚。訟九二

荀爽陸德明朱熹徐文靖經言拾遺等以歸而逋為一句其邑人三百

戶為一句。王弼孔穎達惠棟等則以歸而逋其邑為句人三百户為句鄭剛中

周易窺餘以不克訟歸為句而逋其邑人三百户為句丁壽昌云釋文以而逋

絕句。當是舊讀。易爻有韵逋與户韵根據韵讀斷句乃是的解。此爻有人

訟邑主于王。訴訟失敗歸來后這一邑中三百户人家。可以避難。遂免於

禍穀梁莊九年傳。十室之邑可以逃百室之邑可以隱死以千乘之魯而

不能存子糾以公為病矣可作旁證。

食舊德貞厲。終吉或從王事无成。訟六三

此爻凡兩讀。有以食舊德貞句。厲終吉句。有以食舊德句。貞厲句終吉句。

兩讀皆非當以食舊德句。貞一字為句。屬終吉為句。或從王事貞乃元亨利貞之貞係

太卜占筮術語之一厲終吉與乾九三。厲无咎同例。當作一句。程頤以食舊德

貞為句此望文生義考許慎五經異義云易爻位三為三公二為卿大夫回

食舊德。食舊德謂食父故祿也見毛詩大雅文王之什疏。及禮記王制疏

引可證許慎所見本猶食舊德為句。貞另為句。或從王事。无成此太卜另

筮六三象同辭義似相關實則太卜兩次的斷語解者乃合而為一耳此例

爻辭間有之不可不察。

不克訟復即命渝安貞吉。訟九四

王弼注以復即句。命渝句。渝安貞句。朱熹語類以復即命句。

渝一字句。斷句皆未妥虞翻以復即命渝句義勝象云復即命渝安貞不失

此當以復即命渝安貞吉斷句是其明證克有勝義不克訟訴訟失敗復即

周禮大司寇凡遠近惇獨老幼有復於上之復注復猶報也即就也見方言十

三易新論

225

師。貞丈人吉无咎　師

二爻循解為從，義亦同渝與成有渝，豫上六官有渝隨、初九之渝義周作變解。

這爻說訴訟失敗再訴，訟前次之命已變，故安貞吉王弼云變前之命此解得之。

此卦辭有以師為句，貞丈人吉為句，有以師貞為句，丈人吉為句，惠棟周易述

以師句貞丈人句吉无咎句，非是子夏傳丈人作大人（見李鼎祚集解引子

夏傳偽書不足從，揚雄、鄭玄、陸績皆作丈人，惠棟解為老人年長

者，惠說迂凡兵士應役者首重身度孟子告子篇交閘文王十尺十尺為丈。

疑卦辭指文王的身分，如貞筮遇此丈人問則吉，其它問貞為問見周禮天府遂

无咎的象貞正也能以眾正可以王吳這是象傳作者釋貞之義與此異。

在師中吉无咎王三錫命　師九二

此爻有以在師中句吉无咎句，惠棟謂此荀爽虞翻義此有以在師中句吉

以字為句，无咎句，王弼謂在師而得其中，主中字當句，孔穎達認為吉之

一字上下兼賅，可兩讀，諸家斷句不當在師當為一句，中吉另為一句訟有孚窒

陽中吉亦以中吉為句，是其例，據象二爻陰陽冲擊，由坎戀爻坤，故有中象此

以中爻辨是與非。乃知吉兆。錫命即賜命。錫賜通借。此爻言出師。往外筮得

此爻先吉終无咎王將再三賜命。以勞其功。

有孚血去惕出无咎。小畜六四

攜讀以有孚血去為句。惕出為句。王弼謂故得血去懼除。保无咎也。王夫

之謂終不與兢則血去矣。皆以血去連文。有以有孚句血去句當從下讀朱

駿聲說文通訓定聲履部。血出叶在段玉裁六書音韵表。以血在十二部。

出在十五部。不當叶。涣上九涣其血。去逖出无咎與此詞相類。今醫家治痊

痕去血得愈。乃血去惕出之謂有孚血惠棟從馬融說。以血讀為恤。非碼必甸爽

王弼仍作血釋文云血如字說皆精當血去之血即涣上九涣其血之省文。

文惕也作愀。故涣上九去逖出一本作去惕出。（見朱震說逖訓遠去遶出言離此）

遠害也。象以遠害釋之是其明證。

既雨既處尚德載為句。有以尚得載婦為句武億云考此宜尚德載婦屬

此爻有以尚德載婦貞屬月幾望君子征凶。小畜上九

讀。如履九五夬履貞屬。噬嗑六五貞屬无咎大壯九三貞屬晉九四貞屬。

革九四征凶貞厲。旅九三貞厲。並可舉正武說非是貞厲固當連文為句。

但貞訓問即占筮以問吉凶貞係動詞上面也可加主語如屯六二女子貞不字。

觀六二利女貞恒六五貞婦人吉即婦人貞吉可證家人利

女貞則貞字前後可加女、女子、婦等字如恒六五貞婦人吉下有夫子凶句。

即夫子貞凶。此就是說婦人筮得此爻就吉男人筮得就凶了。因為象不同應分別

下斷則此爻當婦貞厲句。

尚德載為句。德京房虞翻作得德得古通閒一多以載讀齒詩載芟

俶載南畝箋俶載當為熾菑即耕詳周易義此說似人非。近人高亨以說

文載乘此大有九二云大車以載睽上九云載鬼一車其義並同見周易古

經今此說允當既雨既處之處俞樾訓止見羣經甚韙說既雨既止尚能乘車

而行婦貞厲和月幾望君子征凶這和既雨既處尚德載係殷周之際太

卜三次占筮的斷辭編纂者合并為一蓋象同斷異耳理亦得通惟何以

雨能止似尚非的解。余疑雨為秦字另文詳述。

勞謙。君子有終。吉謙九三

此爻有以勞謙君子為句。有以君子有終為句。吳澄據初九謙謙君子。

證此當勞謙君子句非是。應讀勞謙為句考六二鳴謙六四撝謙上六

鳴謙皆斷謙為句是其例證。

君子有終當為一句。卦辭正作君子有終。爻辭承卦辭而言荀爽云坎

體為勞。終下二陰君子有終。故吉也荀亦以君子有終句並其證此爻說

有功而不驕矜。君子功業有始有終。故吉。

荀爽以无不利為句。撝謙為句。孔穎達正義朱熹本義同是此程頤易傳

以无不利撝謙為一句。非是。律以上下爻。則撝謙荀爽訓舉以為行

謙則无不利。

武億云。此兩句似有倒亂之訛。宜作撝謙无不利。於義為協。武校无不利撝謙。

為撝謙无不利。義无出入文句較整而已。然太卜所作爻辭句式時有參差。

如觀初六童觀。六二闚觀。觀字在下。而六三觀我生。六四觀國之光。九五觀

我生。上九觀其生。皆觀字在上。可知句法有變化。不必求同。

幹父之蠱有子考无咎厲終吉。　蠱初六

釋文云有子考无咎絕句。周弘正依馬融王肅以考絕句。此兩讀皆非。當應有子絕句。考无咎絕句。

蠱即文言貞固足以幹事之幹。蠱虞翻訓為事。此言幹其父之事。有子可繼任。父廟上讀考為孝。則无咎。雖危終吉。此爻乃太卜記載周之史實。考竹書紀年文丁十一年。殺季歷。姬昌陰為策劃以思復仇。至姬發始代紂本爻以指姬發武王能幹姬昌文王之事。

觀我生進退　觀六三

有以觀我生進退為一句。有以觀我生句。進退句武億云證以下九五觀我生上九觀其生則此觀我生亦宜為句。進退另為句。武說允觀卦與上卦臨相牽繫臨以臨民觀以觀民漢儒皆以五字為一句。因據象傳觀我生進退，未失道也而謂此爻與九五並出觀我生象傳云觀我生觀民也此釋得之大戴禮本命化於陰陽象形而發謂之生生義當從之言觀我民之動態而為進退故九五有君子无咎之斷。殷周之際社會中的大人君子小人諸詞余別有說。

虞翻孔穎達朱熹並以蔑貞凶為句，非是。此爻當以剝牀以足句，蔑貞凶句，象剝牀以足，以蔑下此，可證蔑荀爽作滅，是也，蔑即滅，說文蔑作

蔑滅，蔑為蔑之孳乳，正字為蔑，詩大雅赫赫宗周褒姒如〱蔑之，說文蔑滅也。言牀足已剝，人不能安眠，以喻處境之危，將有滅亡之兆，故筮問此爻得凶

象。

剝之无咎。剝六三

罷說之云京、劉、荀爽一行皆无之字，釋文一本作剝之无咎非。按陸德明釋文據王弼本今考唐石經本及相臺本皆有之字，象剝之无咎失上下，此亦有之字，如此初六比之无咎，六二比之自內六三比之匪人六四比之貞吉上六比之无首又否否之匪人句式相同，可證當有之字，此爻有以剝之為句。有以剝之无咎連讀律以比否句式當以連讀為勝。

頤拂經于丘頤征凶。頤六三

此爻異讀有三一頤頤拂經于丘頤征凶，王肅王弼主之，惠棟周易述同。

二．顛頤拂經于丘頤征凶。程頤主之。三、顛頤。拂經于丘頤。征凶。朱熹及任啟

運周易洗心主之。按朱熹任啟運句讀是也。惟本義訓釋泥於象傳不足取。

頤序卦傳養也。爾雅釋詁釋名釋形體同雜卦傳頤養正也。係抄龍形象傳。

養正則吉也。語已滲入儒家的思想。頤當訓養。管子國蓄篇塞民之養洋養

利也此乃的解頤之卦辭。觀頤自求口實言殷周之際社會教民以利養為

要務。故象先言觀頤。觀其所養也。自求口實觀其自養也。在那時社會。

尊重人民的生活至於養賢。是儒家思想戰國秦漢易學家所發揮而已。

拂于夏傳作拂。云輔弼也。玉篇引易作拂。經于丘則古本作拂。說文違也拂

拂為弗之孳乳義通子夏傳解拂為輔弼。這墧象養賢而演其義與全卦不能

貫通足證子夏傳乃后人偽作。王肅云拂違也。與說文同又云經常也此義為

勝。于至顛亦作傾。廣雅釋言傾倒也又作慎儀禮士喪禮注或慎倒衣裳詩

齊風東方未明顛倒衣裳楚辭愍命。顛衣以為裳皆其比王肅謂養下曰

顛猶言養就食也。顛頤係吉兆。若養下而違常。亦係凶兆。揚雄太玄以養準

頤次三糞以肥丘即據此而言于丘陵之地養民則民不得其所養。故曰拂

易學經典文庫

經于丘頤。它如李恭周易傳注以經訓頤，拂訓振，焦循易通釋頤訓填說

皆支離。

拂頤，貞凶十年勿用，无攸利。頤六三

徐文靖經言拾遺六三拂頤貞。程伊川楊敬夫皆以此為絕句。程頤等以貞字為句，與易例不合太卜所作交辭凡陰陽沖擊變象有坎體者其斷辭不是貞吉就是貞凶這是太卜造辭的專門名詞不能把貞凶前一字屬上句后一字屬下句這樣與易例違當拂頤句貞凶句。

樽酒簋貳用缶納約自牖終无咎。坎六四

釋文樽酒絕句簋貳絕句用缶絕句舊讀樽酒簋貳絕句貳用缶一句陸德明前一句讀从王弼說王云雖復一樽之酒二簋之食瓦缶之器猶讀據鄭玄虞翻說王夫之以樽酒簋貳四字為句象傳既有明文而晁氏以貳字連下用缶為句謂象傳貳字為衍文徒以私意改經文而文義不通本義从之過已屬易牽強。王引之經義述聞亦以舊讀為非兩說為得象而樽酒簋貳剛柔際也則貳當屬上為句此證一損卦辭二簋可用享貳貢二通簋

233

貪即二簋也。此證二。此爻酒缶牖皆叶。此證三，

罷說之云。納京一行作內李鼎祚周易集解引崔憬說內約文王於紂時
行此道從羑里內約。納京一行作內約卒免于難故曰自牖終无咎也據此則約約為句自牖終
无咎為句。據古韻當以牖皆叶。此斷句非是廣雅釋詁納訓入說文約訓
纏束納約猶言入時纏束之。牖即羑字。此爻有因繫之象崔說疑是牖即牖
里殷獄名或作羑里此爻太卜據文王因牖里的史事以造辭也。

牖錯然敬之終吉。離初九

武億云舊讀並從然字絶句考象辭明言履錯之敬則履錯然敬之五字
連讀亦可為義。按舊讀是此卦之象有火履錯然言凡火災足履之地紛
亂之象敬王弼釋警釋文是也敬之言應警惕它燋終吉。

王用出征有嘉折首獲匪其醜无咎。離上九

此爻異讀有二有以有嘉為句。有以有嘉折首為句武億云小象多有
韵此當曰有嘉折首庶與韻協也。顧氏易本音亦同此。丁壽昌也云考此
爻皆四字為句。首醜協韻當從注疏以有嘉折首為句兩說是也王弼

恒其德貞婦人吉夫子凶。恒六五

陸德明亦以首字絕句。

王弼以恒其德貞婦人為絕句。孔穎達程頤朱熹並同虞翻以貞婦人吉為句。虞說是。九三不恒其德。此爻恒其德承九三而言則恒其德為句為勝貞婦人吉與小畜上九婦貞厲屯六二女子貞不字斷法相似。貞訓問係太卜依象斷辭的術語之一不是婦人貞一之貞禮記緇衣引此改貞作偵。

遯尾厲。勿用有攸往。 遯初六

此凡兩讀。遯尾厲三字連文為句。遯尾一讀。厲字一讀武億云義並得通太卜據爻位以初象尾既濟未濟初爻皆云濡其尾可證位初故勿用與乾初九勿用洞同此太卜據位而下斷之明證。

係遯有疾厲畜臣妾吉。 遯九三

此爻有以有疾厲句。有以有疾厲為一句武億以為兩讀義並通非是。象云。係遯之厲有疾憊也。釋文憊鄭玄云困也王肅作絀則當係遯為句有疾厲為句。係即繫。說文作繫。並同。係以繩繫也。虞翻此厲字與初六遯尾厲之

屬羲異，疑屬為禍之者，作有疾瘳解，因此爻位三陰陽沖擊有否之體否乃萬物不通，故斷解有疾瘳之象。

顯如摧如貞吉罔孚裕无咎。晉初九

江藩云有以罔孚為句，裕字屬下，有以罔孚裕連文為句，武億云，王輔嗣注及孔氏正義程荷朱子本義悉以罔孚為句，裕連下无咎為句，據象辭裕无咎未受俗也別作字連下讀為是，兩讀皆非是，晉如摧如句，晉訓進摧訓退，此言進退得實乃得貞罔孚馬融王肅訓罔為无與爻義不合大壯九三君子用罔釋文罔羅此說文引此作有孚裕无咎說文易稱孟喜此孟氏家法，作有孚解甚驊裕說文衣物饒也是此言財用進退有常蒙物富饒斷為无咎此爻由明夷晉兩卦聯繫聯繫指一卦變為另卦含有坤象故太卜據象下此斷語也。

明夷于南狩得其大首不可疾貞。明夷九三

此爻有以不可疾貞為句，有以不可疾為句，貞一字為句，前說是也明夷卦名解釋不一，考明夷初九乃鳴鵝之假明鳴古通隆士衡長安有狹邪行欲鳴當名解釋不一，考明夷初九乃鳴鵝之假明鳴古通隆士衡長安有狹邪行欲鳴當及晨注卷秋考異鄭與應旦明明與鳴古字通也二十八卷又擬今日良宴會文選卷三十。

又李蕭運命論文選卷五十三宋東注皆云。明與鳴通是其證鵜又作鷈說文鷈即

污澤也山海經東山經作鷺胡喜渴澤而漁莊子物外魚不畏網而畏鵜鶘。

淮南子齊俗訓鵜胡飲水數斗而不足皆其證至六二夷于左股夷乃瘳之

之假首俞樾訓道至碼道為首之孳乳不可疾貞為句疾王弼訓速說文速疾

此兩字互訓言不可疾貞猶貞不可疾卦爻辭可利通用筮問得此爻之象不利

疾病。

公用射隼于高墉之上獲之无不利。解上六

此爻異讀有二一公用射隼于高墉之上獲之无不利。二公用射隼。于高

墉之上獲之无不利。武億云考象辭言公用射隼。則宜四字為句。于高

墉之上獲之連文為句。義較長。周禮司尊彝注或讀為公用射隼之隼鄭引

此以隼字句絕。又可舉證武億據小象及鄭玄注以證公用射隼為句非當

小象釋爻辭。往往省畧不足為證。又漢時音讀未有切音。故許慎用讀

若鄭玄讀為。或舉古語或舉民間諺語以明之也。多有省畧不能舉為確

贊如明夷六二用拯馬壯。說文辈云讀若易拯馬之拯。既濟六四繻有衣

237

初。說文繳字云讀若繳有衣。古人引文。往往者畧小象鄭注也有者畧不當

作句讀之左證則此爻當以公用射隼于高墉之上為句。獲之无不利。其義

甚明公指姬昌而言史記周本紀姬昌為紂三公。是其證馬融墉訓城國語

魯語下云仲尼在陳有隼集於陳庭而死楛矢貫之石砮其長尺有咫是

隼貫矢猶能遠飛孔穎達云隼者貪殘之鳥鸇鷂之屬昔昭云隼鸇鳥

今之鷂也射隼亦尚武姬昌親射之于高城之上時人誦之故太卜引此故事

以入爻辭。

弗損益之无咎貞吉利有攸往得臣无家。損上九

此爻舊讀皆弗損益之為句。晁說之客語陳振孫書錄解題作客話晁說

之說弗損絕句覺周易稽疑引考晁說之古周易已經否定了他自己的說法。

當仍據舊讀弗損益之為句。六下文得臣无家相應。

惕號。莫夜有戎勿邮。夬九二

此爻異讀有二據王弼注是以惕號莫夜有戎為句。勿恤為句。孔穎達正義。

則以惕號為句莫夜有戎為句。勿恤為句。武億云考此象辭明言有戎勿恤

則實以惕號莫夜絕句為正。沈起元周易孔義集說同，武沈兩說非是。

當以惕號句，莫夜有戎句，勿恤句。方合此爻之象。釋文惕荀翟作錫賜也。

罷說之云。古文作易錫號易號。義均難安。郭雍郭氏傳家易說云，惕知懼

也號明戒也。此說得之莫暮古今字恤即郵字說文引此作勿郵。可證此爻說

向人民警告暮夜時候。有敵人來侵犯擾亂。你們準備一切不出憂愁爻辭

明白曉暢鄭玄據京房師說莫釋无。以為夜夜有戎。與下勿郵義違。

有孚不終乃亂乃萃若號一握為笑勿恤往无咎。　萃初六

有以若號一握為笑六字為句。有以若號為句。一握為笑另為一句。號笑兩字

韵叶句讀當據而斷釋文正以若號絕句。是其明證若號猶號咷笑貌握鄭

玄以為當讀為夫三為屋之屋。見釋文引似是周禮小司徒鄭玄注云夫三為屋屋三

為井此疑後指鄉里也。此兩句與同人九五先號咷而后笑斷法雷同這爻說封建

主守信不終乃摹眾秩序混亂就聚會一處。萃者聚也。假使封建主能改變主張

則可先號咷而後一鄉之人皆笑。故斷云，勿恤，往无咎也。

引吉无咎孚乃利用禴。　萃六二

舊讀孚乃利用禴五字連讀為義,是也。有以孚為句,乃利用禴為句,程頤更

以孚乃為句,利用禴句,皆非是。程頤句讀尤誤,以爻辭句法為證,萃初六乃亂

乃萃隨上九乃從維之。困九五乃徐有說,乃作副詞連下成句,程頤的斷句昧于易

例了。

引吉之引闇。一多云,疑當為弘。弘吉占卜術語卜辭屢見之。爾雅釋詁曰弘大也。弘

吉无咎。猶九四大吉无咎也。此說新穎以象斷之萃內卦坤,坤象出含弘光

大。據坤立說,亦可通。惟小象釋六二四中未變也。虞翻注曰應巽為繩艮為

手。曰引吉虞據象而斷。當作引吉。蓋小象所謂中即指坤,爻中爻為咸互

巽,互艮。故虞據象以證引吉,此說為是。此爻言引吉无咎示之以信,乃可用可據禴

此爻孚字,太卜以信斷者。因其象據萃升兩卦聯繫變化而來的,故兩卦

二爻萃六二升九二此皆言孚乃利用禴也。釋文禴,殷春祭名。馬融王肅說

同鄭玄虞翻皆云,殷夏祭之名,王弼云,禴祭之薄者也。白虎通宗廟篇

曰禴者麥熟進之。爾雅注,禴,薄也。夏時百穀未登,可薦者薄也。考

諸爻象,萃升二爻陰陽矛盾發生變化後其象有離,體離一般指為

易學經典文庫

夏則從鄭虞作夏之薄祭為先。此言示之以信。即使用薄祭此无妨。

萃有位无咎匪孚元永貞悔亡。萃九五

此有兩讀。虞翻以无咎匪孚四字為句。非是。朱熹以无咎屬上為義匪孚

屬另作一句。近讀多從之是也。

考太卜依象造辭有據位而斷者。此爻是其例。萃有位者爻之所處曰位。說

明矛盾變化也要視位而不同陰陽的位當就是吉凶反之成為凶凶遠爻是

第五位得陽的爻象所以叫有位。

井收。勿幕有孚元吉。井上九

虞翻以井收勿幕為句。釋文同王弼以勿幕有孚為句。皆非是。考此爻收字

韵叶。據前而斷。當以井收句。勿幕句。有孚句。元吉句。馬融訓收為汲言井水可

以汲取虞翻訓幕為蓋。王弼訓為覆皆是。王弼云。不擅其有不私其利則物歸

之往无窮矣。此注得其意。勿即弗此爻說井已修竣。井水讓群人从汲取不要

覆蓋以示有信。這樣是大吉之事，此爻與九三可用汲王明並受其福義相

同也。

女承筐无實。士刲羊无血无有利。歸妹上六

舊讀以女承筐无實為句。士刲羊无血為句。非是。此爻筐羊韵。實血韵叶。

這是隔句叶韵之法。如詩宛置置與夫協。丁與城協。顧炎武詩本音舉之以

為隔句韵是也。但是顧炎武易本音沒有舉出可見顧炎武疏于易了。當

以女承筐无實。士刲羊无

从江有誥易經韵讀的叶韵據隔句叶韵之法當以女承筐无實士刲羊无

血斷句。古代社會未婚女子叫女已婚叫婦那時風尚男女戀愛情好既篤

然後成夫婦。此爻乃太卜引用民間歌謠言男女相戀。只顧談情說愛女

的去采實充食忘了采擷男的正在宰羊持刀惡却動手羊還沒有流血據

易而言此合於象左傳僖十五年引此作士刲羊。亦无血也。女承筐亦无既

也羊並筐既一韵文與今易稍異可證古之民歌。太卜引用已有出入。

旅棧其次。喪其童僕貞厲。旅九三

虞翻以喪其童僕句。貞厲句。朱熹說同。孔穎達以喪其童僕貞為句。

程頤說同武億云證之經文六二得童僕貞。此正與上相對从孔程讀為

正武億从孔程說非當六二亦當得童僕為句。貞一字為句。考大壯九三

242

晉九三，訟六三，及噬嗑六五，皆作貞厲，是其例。虞翻訓貞為正，王引之

已證其非。有虞氏釋貞以正違失經義一則，惜王引之僅引彖彖以正虞失。

說尚未諦。凡卦爻辭出貞字，其義有三。一為貞悔之貞，見於洪範卦爻

辭則少見。二為貞問之貞，貞字當作貞，與卜辭之貞字同義。屯九五大貞

吉。小貞凶是。三為元亨利貞之貞，指爻象或兩卦聯繫而言。如旅旅貞

吉六二得童僕貞。及本爻貞厲皆由豐旅兩卦聯繫而來，陰陽之變往往用

貞以表之。

巽在牀下用史巫紛若吉无咎。　巽九二

此爻有以用史巫為句，紛若吉為句。武億據小象，紛若之吉，得中也，以證

紛若吉當句。武說非是。考大有六五交如威如吉。小象則云威如之吉，暌

上九往遇雨則吉。小象皆取上下句而綴文而釋此種

句。武小象有十餘則是其明證。巽在牀下句說祭祀之時，人伏於牀下。雜

傳。巽用史巫紛若句，說文用可施行也。即小象終不可用此之用。見剝上九豐小象說此說

史巫祭祀，施行巫術紛紜雜陳的樣子。若助詞，與以告誡舉人如此吉而无咎。

以上三十餘則。自兩漢迄今。異讀不一。各抒己見。未能是正。今集鄭玄虞翻荀爽王弼陸德明諸家異同博稽王夫之惠棟、王念孫、江藩武億俞樾及近人之說分析此研舉而正之。

十二 易韻考異

研究易經。首先要明聲韻。正句讀。這二者乃是基本功。若先置聲韻的句讀於不顧。就着手分析辨證易經的思想。那末往往難得確解。聲韻和句讀不可分割。必先據聲韻以斷定句讀。二者刃解。就不致妄生誤解了。

明以前的易學家就昧于聲韻。如漸上九鴻漸于陸其羽可用為儀。宋胡瑗以陸為逵。認為逵和儀叶韻。朱熹周易本義也說。今以韻讀之良是。顧炎武已證其謬。王弼周易注戕戕清遠。儀可貴也。是陸當讀為戕我从戈得聲古韻與儀叶。宋人不察。改陸為逵。或改為阿。見周易折中。皆非是。又如訟九二不克訟歸而逋其邑人三百戶。宋鄭剛中周易窺餘不明易韻。以不訟歸為句而逋其邑人三百戶為句。其它異讀至多。皆疏于聲韻。開一夕周易義證類纂通當讀為賦作賦斂解。也失其義此爻通户叶韻連說文云。廣雅釋言竄也小象同與左傳昭公七年紂為天下逋逃

主之通義同。此言歸而通。即逃亡而歸之意治易者疏于聲韵就无法句讀的讀一誤。義理全非想把卦爻辭得到確解真是南轅北轍了。

明陳第易音考。張獻翼讀易韵考。始正易音用力雖勤。紕繆間出明末顧炎武易本音兼采人人説"有所舉正惜顧不長于易不免遺漏清易順鼎易音補顧毛奇龄易韵。卑卑不足道繼之而起者段玉裁六書音韵表。江有誥易經韵讀及朱駿聲説文通訓定聲諸書後出彌精。逾于前修然致力於象象文言繫辭諸傳的韵讀。對於卦爻辭的韵讀就未能探賾索隱臻于至善。

殷周之際太卜造作卦爻辭其有韵的或采民間歌謠或據殷周史事文言繫辭模質。比較詩經的國風還要早些考證卦爻辭的聲韵不獨可以糾正句讀的錯誤進一步研究其思想史實也不致望文生義而且正韵以后更可理解卦爻辭藝術性也是不低的。

易經卦爻辭的韵叶的凡例是。

一有一爻自為韵的。

例如乾初九潛龍勿用段玉裁江有誥均以龍用叶韵當分成兩句殊為精確。

三易新論

今之學者認為小象潛龍勿用陽在下也。文言初九曰。潛龍勿用陽氣潛藏。

皆潛龍勿用為句。燕京大學編周易引得附，棟校經文也四字為句。此不明古韻致句讀有違經義即以

文言為證確乎其不可拔潛龍也隱而未見行而未成是以君子

帶勿帶用此明明以潛龍為句。勿用為句。這是一爻自為韻的。

二、有一卦六爻相隔為韻的。

例如乾九二見龍在田利見大人，九三君子終日乾乾，九四或躍在淵九

五飛龍在天利見大人這乾卦四爻田人乾淵天人相隔為韻的段玉裁江

有誥以為田人叶叚又以淵天人叶江又以天人叶尚不完備。

三、有一卦六爻每爻皆叶的。

例如坤卦的初六履霜六二直方六三含章六四括囊六五黃裳上六玄黃。

六爻皆叶段玉裁以囊裳黃三字為叶朱駿聲以霜方章囊裳黃叶說

是。江有誥以為不叶實失之粗。

四、有一爻而用二韻的。

例如坤六二直方大不習无不利此爻方既與六爻霜章等叶而大利又叶叚

玉裁六書音韻表第十五部，周易上經坤六二大利叶是也，若以直方大為句，則昧於聲韻了。

五．有一爻隔句為韵的。

例如歸妹上六女承筐无實，士刲羊无血，這爻四句，筐羊叶，實血叶。係隔的用韵，這種叶韵，屈原賦最多，段玉裁江有誥均指出筐羊叶，而遺實血叶疏矣。朱駿聲僅舉筐羊叶而遺實血叶疏矣。

六．有一句同部的。

例如萃上六齎咨涕洟。一句四字韵皆同部。

以上六則為治易聲韵的條例。今把卦爻辭釐正主要根據段玉裁江有誥朱駿聲三家之說。因顧炎武易本音江有誥巳正之，毛奇齡易音諸野，故不采取。有人譏段江朱三家學不純一，我認為歷來治易者疏于聲韵，治聲韵者不知易理，惟此三家于易學有門徑，所以根據此三家有疏漏的就增補之，有繆誤的，就芟除之，至于分部，近人分部雖細竊謂易之韵讀以段玉裁十七部為是，今把卦爻辭韵讀正之如後。

1. 乾初六潛龍勿用。

龍用叶，叶江第九部。

2. 乾九二兒龍在田利見大人。

乾九三君子終日乾乾。

乾九四或躍在淵。

乾九五飛龍在天利見大人。

田人乾淵天人叶。舉朱第十二部。按有謂乾當在十四部。不知乾有兩讀。一為乾溼之乾。廣韻的二十五寒。古寒切同。韻當屬十四部。一為乾坤之乾。廣韻的二仙渠焉切集韻的一曰易卦名當屬十二部。這是古今韻變。

3. 坤初六履霜。

坤六二直方。

坤六三含章。

坤六四括囊。

坤六五黃裳。

坤上六其血玄黄。

霜方章囊裳黄叶，朱。第十部。

4. 坤六二大不習无不利。

大利叶，段，朱，第十五部。

5. 屯初二磐桓。

六二屯如乘馬班如。作做。

桓遭班叶，補，增，第十四部。

6. 屯六二屯如遭如乘馬班如。班一

遭班叶，段江聲。朱乾部撄下云。古韵易屯叶遭班不同。第十四部按班篆大班从班从為聲，朱駿聲以為以分省聲列入屯部。三部第十考廣韵二十七刪。屯部班下云。特音易屯叶遭班兩說不同。第十四部。

段玉裁入十四部。朱駿聲以為以分省聲列入屯部。

7. 屯六二遘遘婚媾。

寇媾叶，段江，第四部。

班布遠切集韵遘遘切當从段入十四部釋文班鄭玄作般般班同部。

8. 屯六二女子貞不字十年乃字。

字字叶、段、第一部。

9.屯六三即鹿无虞惟入于林中。君子幾不如舍。

虞舍叶。補、增、第五部,

10.屯上六乘馬班如泣血漣如。

班漣叶。段、江、第十四部。

11.蒙初筮告再三瀆瀆則不告。

告瀆告叶。段、樂、第三部。

12.蒙六三、勿用取女見金夫。

女夫叶。補、增、第五部。

13.需九三、需于泥致寇至。

泥至叶。江、舉、第十五部,

14.需六四需于血出自穴。

血穴叶。舉、第十二部。

15.需上六有不速之客三人來。敬之。

16. 訟,窒,惕中吉。
    來之,叶。補,增.第一部。

17. 訟九二,不克訟歸而逋其邑人三百户。
    逋户,叶。增,補第五部。

18. 訟六三,食舊德貞厲,終吉,或从王事无成。
    德事,叶,補.增.第一部。

19. 師六三,師或與尸凶。
    師六四,師左次无咎。
    尸次,叶.補,增.第十五部。

20. 師六五,長子帥師,弟子與尸。
    師,尸,叶.聲段.第十五部。

21. 比初六,有孚比之无咎有孚盈缶,
    孚咎孚缶,叶.補.增.第三部。

三易新論

251

22. 比初六，有孚比之。
比六二，比之自內。
比內叶，補，增，第十五部。

23. 小畜初九，復自道何其咎。
道答叶，段江，第三部。

24. 小畜九二，牽復。
舉，段江，第三部。

小畜九三，與說輹夫妻反目。
復輹目叶，舉，第三部。按輹原作輻非是，段玉裁云，輹作輻誤，焦循說同，說文引易正作輹與復目正叶，輹係第一部，不叶。

25. 小畜上九，既雨既處。
兩處叶，舉，段，第五部。

26. 履六三，眇能視跛能履履虎尾。
視履尾叶，段，第十五部。

27. 履九五，夬履貞厲。

復隑叶，備備第十五部，

28. 泰九二包荒，用馮河，不遐遺，朋亡，得尚于中行，荒亡行叶難，第十部。

29. 泰九三无平不陂，无往不復，艱貞无咎，勿恤其孚，于食有福。

後答孚叶，備，第三部。

30. 泰六四翩翩不富以其鄰，翩鄰叶，第十二部。

31. 否九五其亡繫于苞桑，亡桑叶，繫第十部。

32. 否上九傾否，先否后喜，否否喜叶，朱，第一部。

33. 同人九三升其高陵三歲不興，陵興叶，段，江第六部。

34. 同人九四乘其墉弗克攻，墉攻叶，段，江第九部。

253

35. 同人九五,同人先號咷而后笑。
咷笑叶,段江,朱舉,第二部。

36. 大有九三,公用亨于天子小人弗克,
子克叶,段,第一部。

37. 謙六五利用侵伐无不利,
伐利叶,備,增,第十五部。

38. 豫六三盱豫悔遲有悔,
悔悔叶,補,增,第一部。

39. 豫九四由豫大有得勿疑,
得叶,補,增,第一部。

40. 隨六三係丈夫失小子隨有求得。
子得叶,禰艜,第一部。

41. 隨九四有孚在道,
孚道叶,禰艜,第三部。

42. 隨上六拘係之乃從維之,
係維叶,艜,第十五部。

43. 蠱六五幹父之蠱用譽。

44. 臨六三，既憂之、无咎。燕譽叶，襘憎叶、第五部，

45. 觀國之光、利用賓于王。
光王叶，段舉、第三部。

46. 噬嗑六三噬臘肉遇毒。
肉毒叶，段未舉、第三部。

47. 噬嗑九四噬乾胏得金矢。
胏矢叶，段未舉、第十五部。

48. 賁六二賁其須。
須濡叶，段舉、第四部。
賁九三賁如濡如。

49. 賁六四賁如皤如、白馬翰如。
賁六五賁于丘園束帛戔戔。
皤翰園叶，第十四部，按段玉裁江有誥朱駿聲三家僅舉皤翰叶，園戔叶當
六四六五隔爻為韻今訂正。

50. 賁六四匪寇婚媾。
寇媾叶，段未舉、第四部。

51. 剝上九君子得輿、小人剝廬。
輿廬叶，段未舉、第五部。

52. 復。復亨，出入无疾，朋來无咎，反復其道，七日來復。

答道復叶。增補第三部。按段玉裁舉小象頤復之屬義无咎也。中行獨復以从道此。敦復无悔以自考也。迷復之凶反君道也。以咎道考道叶。小象韵叶是也，但不舉復卦辭韵叶失之疏。

53. 无妄无妄，元亨利貞，其匪正有眚。

貞正眚叶。增補第十一部。

54. 无妄六二。不耕穫，不菑畬。

穫畬叶。段舉。第五部。

55. 无妄六三。无妄之災，或繫之牛，行人之得，邑人之災。

災牛得災叶。第一部。按段玉裁舉災牛災叶，朱駿聲舉牛災叶皆脫得韵。今增補。

56. 大畜九二。輿說輹。
大畜九三。良馬逐。
大畜六四。童牛之牿。
大畜六五。豶豕之牙。

牙衛牿叶。段朱舉。第五部。

57. 大畜六五。豶豕之牙。
大畜上九。何天之衢。

轅逐牿叶。段舉。第三部。

58. 頤初九。舍爾靈龜觀我朵頤。

龜頤叶。段朱舉。第一部。

59. 頤六三。貞凶。十年勿用。

凶用叶。增補第九部。

60. 大過九二枯楊生稊，老夫得其女妻，无不利。

梯妻利叶，第五部按段玉裁举稊妻叶脫利韵，今增補。

61. 大過九五枯楊生華，老婦得其士夫，无咎无譽。

華夫舉叶第五部按段玉裁举華夫叶脫舉韵，今增補。

62. 坎習坎有孚，維心亨，尚有行。

亨行叶，段舉第十部。

63. 坎初六習坎，入于坎窞。

坎九二坎有險，求之坎，險且枕。

坎九三來之坎坎，險且枕，入于坎窞。

坎窞險坎窞叶，第八部，按段玉裁举坎初六坎窞叶六三坎窞叶朱駿聲举坎窞皆失之。考枕韵變不當叶，江有誥举初六坎窞叶六三坎枕窞叶

當以初六九二六三隔爻為韵，今增補。

64. 坎六四樽酒簋貳用缶，納約自牖，終无咎。

酒缶牖咎叶，段舉第三部，按段玉裁举如上而江有誥朱駿聲則以簋缶牖咎叶此以樽酒簋句叶與段異，后之治易者以酒叶簋眾說不一考損卦辭云曷之用二簋可用享二簋應有時損剛益柔有時損益盈虛可證二即貳簋貳即二簋也據此當從段說為允。

65. 坎九五，坎不盈，祗既平。盈平叶，段江舉第十一部。

66. 坎上六，係用徽纆，寘于叢棘，三歲不得。纆棘得叶，段江朱舉第一部。

67. 離九三，日昃之離。不鼓缶而歌，則大耋之嗟。離歌嗟叶，段江朱舉第十七部。

68. 離九四，死如棄如。死棄叶，段舉第十五部。

69. 離上九，有嘉折首，獲匪其醜，无咎。首醜咎叶，段舉首醜江舉首醜咎，第三部。

70. 睽上九，遇寇婚媾。寇媾叶，段江朱舉第四部。

71. 蹇初六，往蹇來譽。蹇六二，王臣蹇蹇，匪躬之故。譽故叶，段舉第五部。

72. 蹇九三，往蹇來反。蹇六四，往蹇來連。反連叶，段舉第十四部。

73. 解，解利西南，无所往，其來復吉。有攸往夙吉。

74. 復尻叶，段末舉第三部。
解九二，田獲三狐，得黄矢。
解六三，負且乘致寇至。

75. 損利有攸往啚之用二簋可用享。
矢至叶。增補第十五部。
往享叶，段舉第十部。

76. 益利用為依遷國。
益六四利用為依遷國。
國德叶，增補第一部。

77. 益九五，有孚惠我德。
益上九，莫益之或擊之。
益擊叶，段舉第十四部。

78. 夬九四臀无膚其行次且。
膚且叶，段舉第五部。

79. 夬九四牽羊悔亡。
羊亡叶，增補第十部。

80. 姤九二包有魚。
姤九三臀无膚其行次且。
姤九四包无魚。
姤九五以杞包瓜。

81. 萃初六若號，一握為笑。

萃六二孚乃利用禴。

號笑禴叶。第二部。按段玉裁朱駿聲皆舉初六號笑叶�“脱六二禴韵。今增補。

82. 萃上六齎咨涕洟。

齎咨涕洟叶。朱舉第十五部。

83. 升。勿恤南征吉。

恤吉叶。增補。第十二部。

84. 困初六臀困于株木入于幽谷三歲不覿。

木谷覿叶。段江朱舉第三部按覿說文作𧼶。朱駿聲叶見需部。即段玉裁的第四部。

85. 困九二困于酒食朱紱方來利用享祀。

食來祀叶。段江朱舉第一部。

86. 困六三困于石。據于蒺蔾入于其宮不見其妻。

蔾妻叶。段江朱舉第十五部。

87. 困九四來徐徐困于金車。

徐車叶。段江朱舉第五部。

88. 困九五劓刖困于赤紱乃徐有説。

89.困上六、困于葛藟，于臲卼曰動悔，有悔，征吉。

90.井、井改邑不改井，无丧无得，往來井井，汔至亦未繘井，羸其瓶。
井井叶，段朱脫吉叶。第十五部。按砲說文未出以抚爲之，

91.井九二、井谷射鮒，甕敝漏。
井井瓶叶，段举第十一部，

92.井九三、井渫不食，為我心惻，可用汲，王明並受其福。
鮒漏叶，段江末举第四部。

食惻福叶，段江末举第一部。

93.井六四、井甃无咎。
井上六、井收，勿幕有孚。
甃咎收孚叶。增補、第三部。

94.革六二、己日乃革之，征吉无咎。
革九三、征凶貞厲，革言三就有孚。
革九四、悔亡，有孚改命吉。
革九五、大人虎變，未占有孚。

咎就孚孚孚叶。增補、第三部。按易經卦爻。一卦六爻的繇辭。有内在的聯繫，須前后貫串，以求其義。如革六二至九五四爻韻既相叶，繇辭也聯繫后人睐其義，把每爻之辭，孤立解釋，致失精蘊。

95. 革上六君子豹變。小人革面。
變面叶。段朱舉第十四部。

96. 鼎初六鼎顛趾。利出否。得妾以其子。
趾否子叶。段江舉第一部。

97. 鼎九二鼎有實。我仇有疾。不我能即。吉。
實疾即吉叶。江舉第十五部。按段玉裁舉此爻脱吉韵。江有誥說是也。

98. 鼎九三鼎耳革。其行塞。雉膏不食。方雨虧悔。
革塞食悔叶。江舉第一部。按段玉裁舉此爻脱悔韵。

99. 鼎九四鼎折足。覆公餗。其形渥。
足餗渥叶。段江朱舉第三部。按朱駿聲歸在需部。係段玉裁所分的第四部。

100. 震.震來虩虩。笑言啞啞。
虩啞叶。段朱舉第五部。

101. 震初九震來虩虩。笑言啞啞。
虩啞叶。段江朱舉第五部。

102. 震六二震來厲。億喪貝。
億貝叶。段江朱舉第十五部。按江有誥歸在祭部。朱駿聲歸在泰部。段玉裁則八十五部。

103. 震六五震往來厲。億。毛本作億择无喪有事。
億事叶。世補。第一部。按此爻與六二相應。六二云。億喪貝。此爻云。億无喪有事。

崩后相應，億虞翻干寶皆謂借辭王弼也謂億辭亦釋文或作噫鄭玄則謂十萬曰億，兩說皆未確，左傳隱十年不能供億億當作供億。

解億喪貝言喪亡其供億的財物，億无喪有事言供億的財物沒有喪亡。

往來僮僮不定即驚懼之狀，故象云震驚遠而懼邇是此虞翻以坤為喪。

事為祭祀，雖承象主立說，其義狹喪當作亡解，不必以象釋之此爻翻以坤為喪。

震上六震索索視矍矍。

能悔可免於危，不致喪亡其供億之財物。

104. 震索索。叶段江朱部。第五部。

索矍叶段江朱部。第五部。

105. 民民其背，不復其身行其庭，不見其人。

身人叶段舉。第十二部。

106. 民六五民其輔言有序。

輔序叶段東舉。第五部。

107. 漸初六鴻漸于干，小子厲有言。

干言叶段行叶。第十四部。按段玉裁江有誥初六六二兩爻分舉朱駿聲僅舉

漸六二鴻漸于磐飲食衎衎。

108. 漸九三鴻漸于陸，夫征不復，婦孕不育。

漸六四鴻漸于木或得其桷。

陸復育木桷叶第三部。按段玉裁兩爻分舉江有誥以九三陸復育入逖部六四

木桶入侯部。朱駿聲以九三復育入孚部。木桶入需部，今並補正。

漸九五鴻漸于陵，婦三歲不孕，終莫之勝。

109. 陵孕勝叶。段江朱舉。第六部。

110. 漸上九鴻漸于陸，其羽可用為儀。

按陸字疑涉九三爻而譌。段玉裁六書音韻表第十七部舉漸上九陸儀叶。此說誤。江永舉經補義謂以韵讀之。陸當作阿。大陵曰阿。阿儀相叶。菁菁者我是也。江有誥此改陸為阿，皆從周易折中說，皆无左證。王弼注我我清遠儀可貴也。王注我宇必有所據。韵叶義勝。今從之。

111. 歸妹初九歸妹以娣，跛能履。

歸妹九二眇能視。

歸妹六三歸妹以須，反歸以娣。

娣履視娣叶。段舉。第十五部。

按江有誥朱駿聲僅舉娣履叶。失之疏。

112. 歸妹九四歸妹愆期遲歸有時。

妹婦叶增補。第十五部。期時叶。段江舉。第一部。

113. 歸妹六五不如其娣之袂良。月幾望。

良望叶。段江舉。第十部。

114. 歸妹上六女承筐无實，士刲羊无血。

筐羊叶。段江朱舉。第十部。實血叶。江舉。第一部。

115. 豐初九遇其配主。

豐六二豐其部。日中見斗。
主止部斗叶。段末舉。第四部。

116.
豐九三豐其沛日中見沬。
沛沫叶。段江未舉。第十五部。

117.
豐九四豐其蔀。日中見斗。遇其夷主。
蔀斗主叶。段江朱舉。第四部。

118.
豐上六豐其屋。蔀其家。闚其戶。闃其无人。三歲不覿。
屋覿叶。段舉。第三部。

119.
旅六二旅即次。懷其資。
旅脚次叶增補。第十五部。按段江朱三家脫九三次韵。今增補。

120.
旅九三旅焚其次。
次資次叶增補。第十五部。

121.
旅九四旅于處。得其資斧。
處斧叶段江朱舉。第五部。

122.
旅上九鳥焚其巢。旅人先笑后號咷。
巢笑咷叶。段江舉。第二部。按朱駿聲于小部巢字下云。古韵旅叶鳥巢笑咷。又咷字下云。古韵旅叶巢笑咷兩叶有出入且鳥在孚部巢笑咷在小部部示

巽九二巽在牀下用史巫紛若。不同失之。

下巫若叶,增補。第五部,按段玉裁朱駿聲舉,此爻皆脫巫韻,今補。

123. 巽上九巽在牀下喪其資斧。
下斧叶,朕舉,第五部。

124. 渙六四渙有丘匪夷所思。
丘思叶,段舉,第一部。

125. 中孚九二鳴鶴在陰,其子和之,我有好爵,吾與爾靡之。
和靡叶,段江朱舉,第十七部。

126. 中孚六三得敵或鼓或罷或泣或歌。
罷歌叶,段江朱舉,第十七部。按廣雅釋詁罷勞也。韋昭國語吳語注同。釋文罷本作疲,韋昭注此云罷通作疲,近儒咸以罷訓勞訓疲,疑非是。罷為罷之省,爾雅釋器云施謂之罷,郭璞注施牛尾也。邢昺疏一名罷,舞者所執,必據此罷當作罷舞解也。

127. 中孚六四月幾望馬匹亡。
望亡叶,段江舉,第十部。

128. 小過九三弗過防之從或戕之。
防戕叶,段江朱舉,第十部。

129. 小過上六弗遇過之飛鳥離之。
過離叶,段江舉,第十七部。

130. 既濟九五，東鄰殺牛，不如西鄰之禴祭，實受其福。

牛福叶。增補、第一部。

131. 未濟，小狐汔濟，濡其尾。

濟尾叶。段舉、第十五部。

132. 未濟九四貞吉悔亡震用伐鬼方。

亡方光叶。增補、第十部。

未濟六五貞吉無悔君子之光有孚吉。

133. 未濟上九有孚于飲酒無咎濡其首。

孚酒咎首叶。增補、第三部按段玉裁從王弼注舉酒咎叶。今增補。

以上易經卦爻辭古韻凡一百三十有三則采前人之說計九十則增補訂正者計四十三則其有誤讀如段玉裁于明夷六二夷于左股用拯馬壯吉以股馬叶實失其韻若斯之類今則刪諸至于說有失誤此加是正。

三易新論

書名：三易新論（中）
系列：易學經典文庫
原著：沈瓞民
主編・責任編輯：陳劍聰

出版：心一堂有限公司
通訊地址：香港九龍旺角彌敦道六一〇號荷李活商業中心十八樓〇五—〇六室
深港讀者服務中心：中國深圳市羅湖區立新路六號羅湖商業大廈負一層〇〇八室
電話號碼：(852) 67150840
網址：publish.sunyata.cc
淘宝店地址：https://shop210782774.taobao.com
微店地址： https://weidian.com/s/1212826297
臉書： https://www.facebook.com/sunyatabook
讀者論壇： http://bbs.sunyata.cc

香港發行：香港聯合書刊物流有限公司
地址：香港新界大埔汀麗路36號中華商務印刷大廈3樓
電話號碼：(852) 2150-2100
傳真號碼：(852) 2407-3062
電郵：info@suplogistics.com.hk

台灣發行：秀威資訊科技股份有限公司
地址：台灣台北市內湖區瑞光路七十六巷六十五號一樓
電話號碼：+886-2-2796-3638
傳真號碼：+886-2-2796-1377
網絡書店：www.bodbooks.com.tw
心一堂台灣國家書店讀者服務中心：
地址：台灣台北市中山區松江路二〇九號1樓
電話號碼：+886-2-2518-0207
傳真號碼：+886-2-2518-0778
網址：http://www.govbooks.com.tw

中國大陸發行　零售：深圳心一堂文化傳播有限公司
深圳地址：深圳市羅湖區立新路六號羅湖商業大廈負一層008室
電話號碼：(86)0755-82224934

版次：二零一八年二月

裝訂：上中下三冊不分售

定價：　港幣　　　六百八十元正
　　　　新台幣　　二千六百八十元正

國際書號 ISBN 978-988-8317-23-3

心一堂微店二維碼　　心一堂淘寶店二維碼